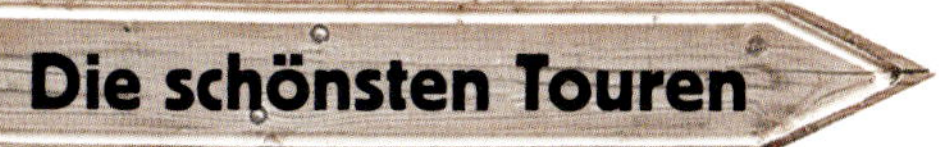

»Hochgehberge« zum Runterkommen

Wandern im und um das Biosphärengebiet Schwäbische Alb

J. BERG

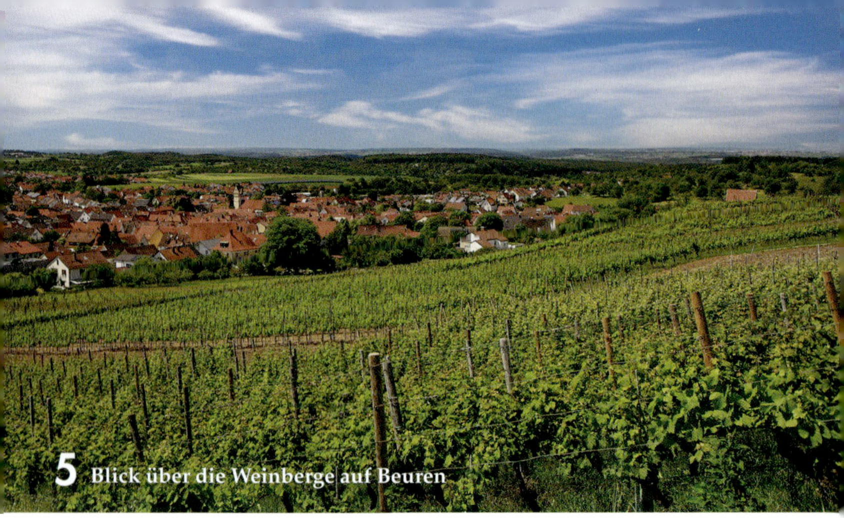
5 Blick über die Weinberge auf Beuren

Inhalt

Die Touren

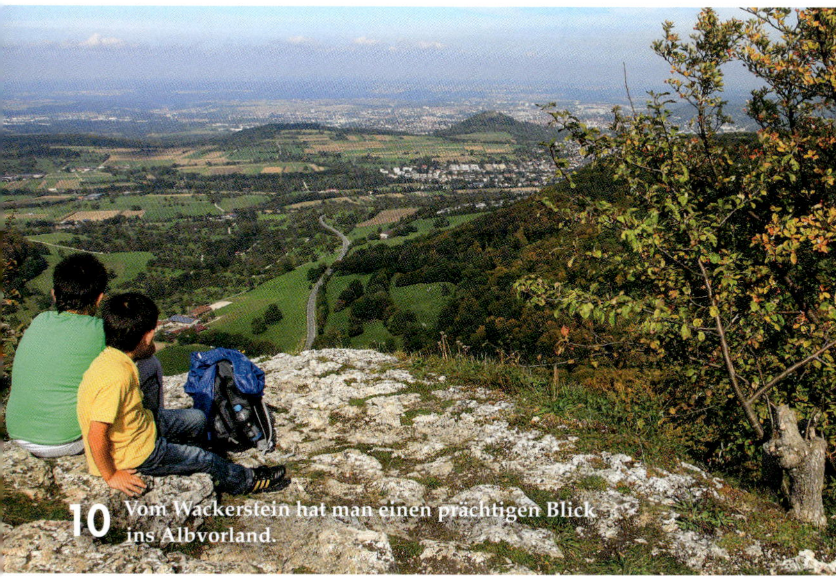

10 Vom Wackerstein hat man einen prächtigen Blick ins Albvorland.

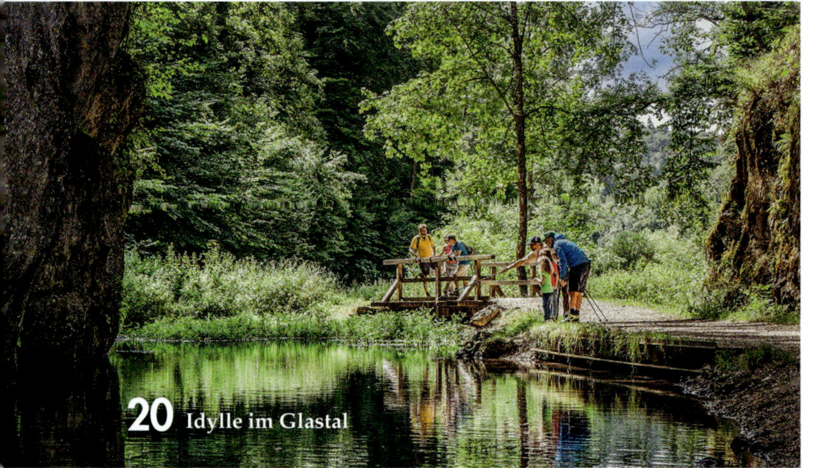

20 Idylle im Glastal

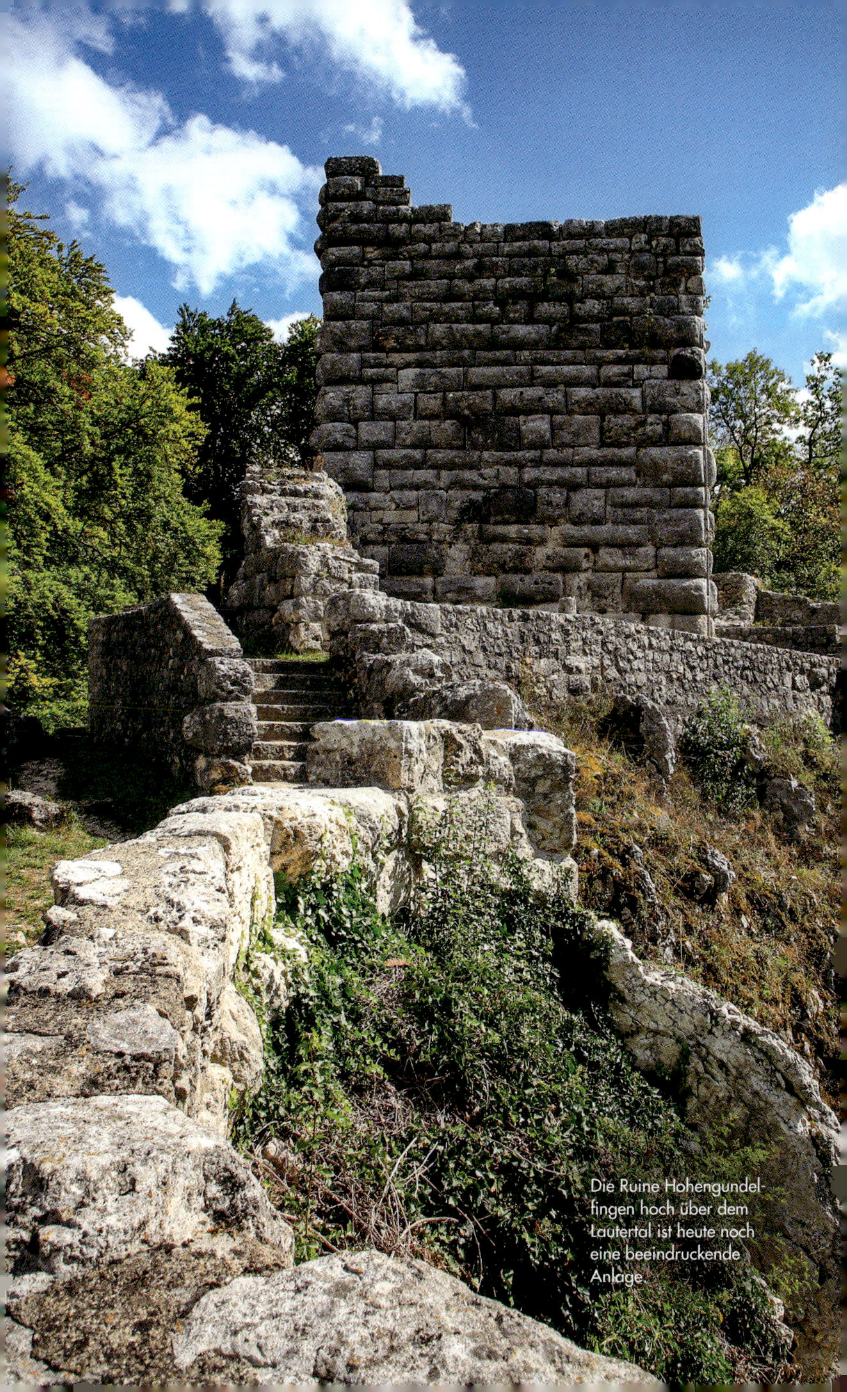

Die Ruine Hohengundelfingen hoch über dem Lautertal ist heute noch eine beeindruckende Anlage.

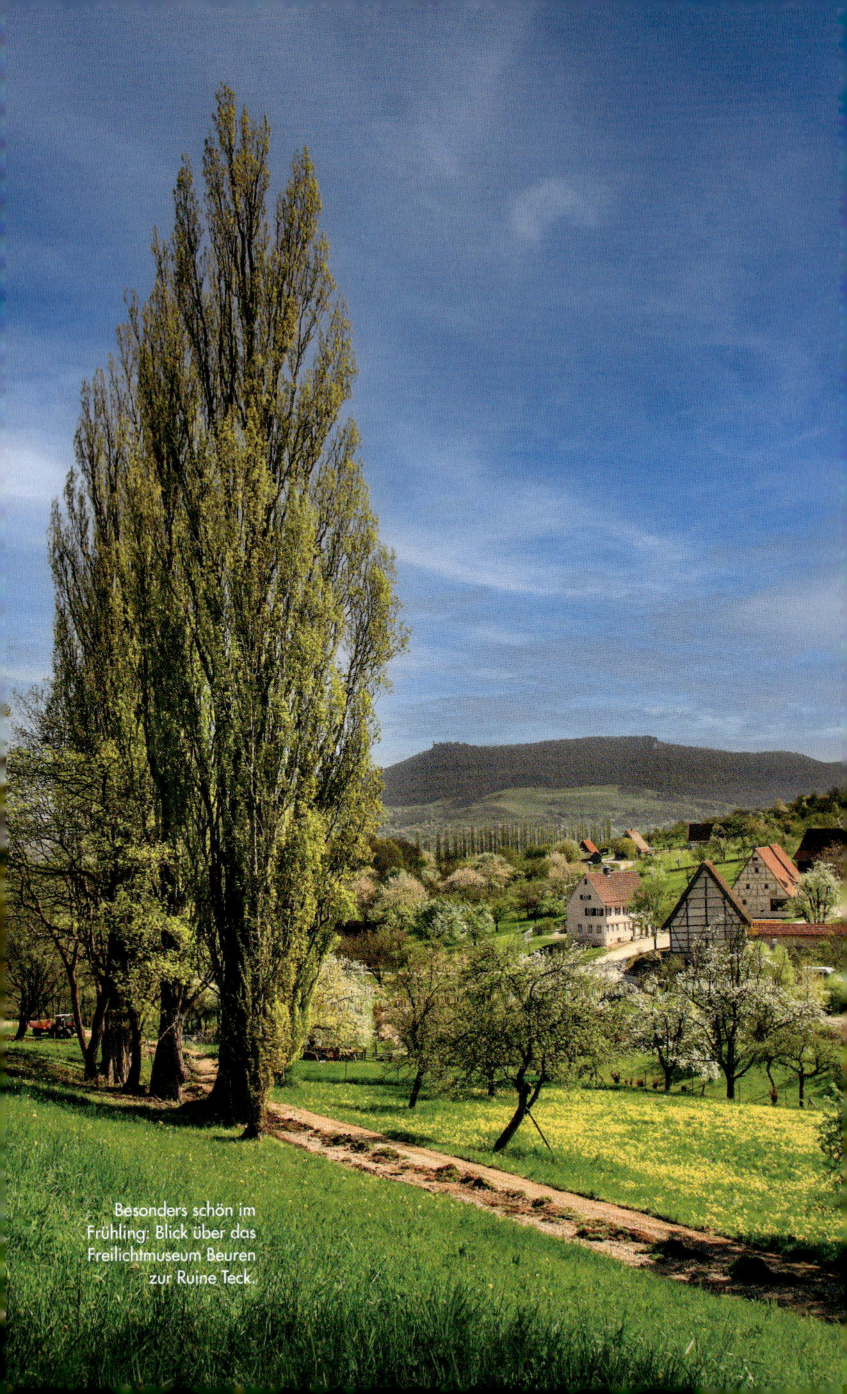

Besonders schön im Frühling: Blick über das Freilichtmuseum Beuren zur Ruine Teck.

Tourenüberblick

Tour			Länge in km	Höhenunterschied in m	Gehzeit in Std.	Einkehr	kindergeeignet	wintergeeignet	viel Sonne	eher schattig	Bademöglichkeit	Sehenswürdigkeit	öffentliche Verkehrsmittel
1	Mittel	hochgehblickt	9	70	2.30	•	•	•	•		•	•	•
2	Schwer	hochgehadelt	12,9	580	4.30	•			•	•	•		•
3	Leicht	hochgehnießen	6,7	110	2	•	•	•	•		•	•	•
4	Mittel	hochgehlegen	7,7	280	2.30	•	•			•	•		•
5	Mittel	hochgehfestigt	9,5	350	3	•	•	•	•		•	•	•
6	Mittel	hochgehkeltert	7,2	350	2.30	•	•		•	•	•		•
7	Leicht	hochgehsiedelt	4,7	70	1.30	•	•	•	•		•		•
8	Schwer	hochgehflogen	14,4	330	5	•			•	•	•		•
9	Leicht	hochgehwachsen	5,9	90	1.30	•	•	•		•			•
10	Mittel	hochgehtürmt	9,4	370	3.30	•	•			•	•		•
11	Mittel	hochgehkämpft	4,9	280	2	•	•			•	•		•
12	Mittel	hochgehträumt	10,9	220	3.30	•	•		•	•	•		•
13	Leicht	hochgehhütet	4	80	2	•	•	•	•				•
14	Mittel	hochgehsprudelt	8,7	300	2.45	•	•		•	•	•		•
15	Mittel	hochgehgrenzt	6,1	160	3	•	•		•		•		•
16	Leicht	hochgehbürzelt	4	130	2	•	•		•				•
17	Mittel	hochgehswiggert	6,2	210	3.30	•	•		•	•	•		•
18	Mittel	hochgehlautert	10,9	260	3.30		•		•				•
19	Mittel	hochgehackert	9,3	140	3		•		•				•
20	Mittel	hochgehschätzt	9,2	200	3	•	•		•		•		•
21	Schwer	hochgehpilgert	13,2	300	3.30	•			•		•		•

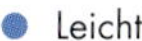 Leicht

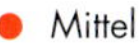 Mittel

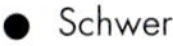 Schwer

Länge in km

 Höhen-unterschied in m

 Gehzeit in Std.

 Einkehr

 kindergeeignet

  wintergeeignet

 viel Sonne

 eher schattig

 Sehenswürdigkeit

 Bademöglichkeit

 öffentliche Verkehrsmittel

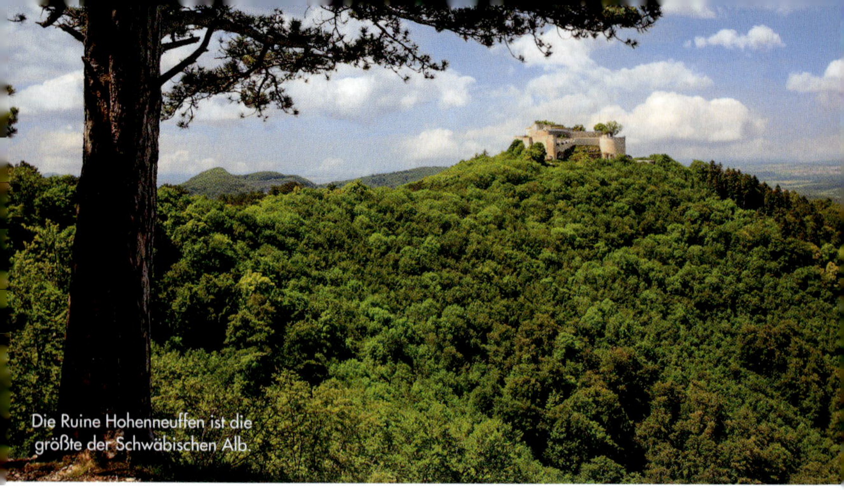
Die Ruine Hohenneuffen ist die größte der Schwäbischen Alb.

Vorwort

Liebe Leserinnen, liebe Leser,

mit den hier vorliegenden Wanderungen der »hochgehberge« werden Sie in und durch den vielleicht schönsten Teil der Schwäbischen Alb geführt. Die Wandermarke »hochgehberge« ist ein Zusammenschluss des Landes Baden-Württemberg, vertreten durch die Geschäftsstelle Biosphärengebiet Schwäbische Alb (UNESCO-Biosphärenreservat), mit den Landkreisen Esslingen und Reutlingen, der Tourismusgemeinschaft Mythos Schwäbische Alb im Landkreis Reutlingen e. V. sowie 19 Kommunen von Beuren bis Zwiefalten.
Von den 21 Wanderwegen der »hochgehberge« in der Region Mittlere Alb, Albtrauf und Biosphärengebiet Schwäbische Alb sind 14 vom Deutschen Wanderinstitut als Premiumwanderwege, sechs als Premiumspazierwanderwege und einer vom Deutschen Wanderverband e. V. als Qualitätsweg Wanderbares Deutschland zertifiziert. Sie laden zum Erkunden dieser Albregion ein und eröffnen Zugänge zu ganz unterschiedlichen Landschaften: Wälder, Blumenwie-

sen, Auenlandschaften, Felsformationen, Felder und Hügel – die »hochgehberge« bieten Wanderungen je nach persönlicher Vorliebe und Kondition. Durch die perfekte Ausschilderung und die Möglichkeit, sich die Tracks zur Navigation herunterzuladen, kann man sich praktisch nicht verlaufen.

Traumhafte Aussichten mit Blicken über die Schwäbische Alb, ins Albvorland und an einzelnen Stellen bei geeigneter Wetterlage sogar zu den Alpen belohnen die Wanderer nach dem Hochgehen. Die Wanderwege führen durch beeindruckende, schützenswerte Natur und vorbei an Burgen und Festungen, die Geschichten der Vergangenheit erzählen. Zahlreiche landwirtschaftliche Betriebe und Gastronomen der Region stehen als Garant für eine gepflegte Einkehr nach der Wanderung und für den Kauf gesunder und regionaler Lebensmittel.

Bei allen Touren wünsche ich Ihnen frohe Wandertage, allzeit schönes Wetter und viele angenehme Begegnungen.

Dieter Buck

In der Gruppe ist Wandern doch am schönsten.

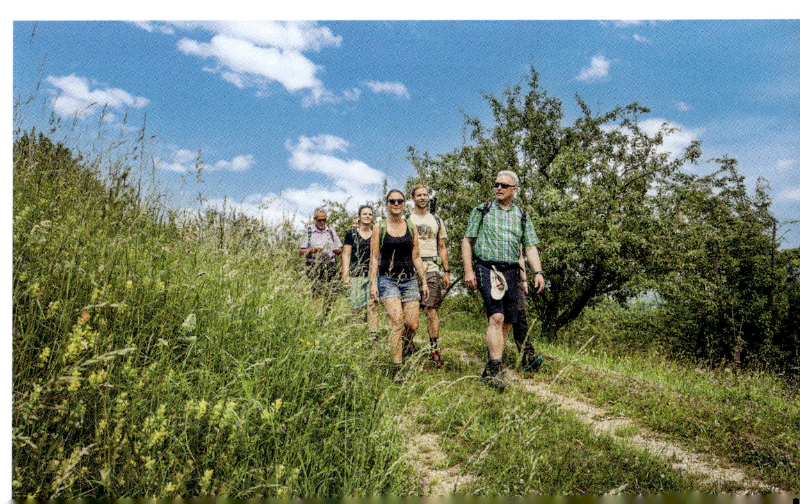

Wandern in den »hochgehbergen«

Die »hochgehberge«, die in einem der schönsten und am besten erschlossenen Wandergebiete der Schwäbischen Alb liegen, stellen keine außergewöhnlichen Ansprüche an die Wanderer: Gute Wanderschuhe, geeignete Kleidung und Orientierungssinn genügen, um die vorbereiteten Touren begehen zu können (weitere Informationen unter www.hochgehberge.de).

Orientierung

Die Wege sind bestens markiert, und wer sich auf sein Smartphone eine der üblichen Navigationsapps lädt oder ein Navigationsgerät besitzt, kann sich sogar digital leiten lassen. Die auf www.hochgehberge.de hinterlegten Tracks sind die Originaltracks. Bei Touren, die in diesem Buch an einem alternativen Ausgangspunkt beginnen oder den Wegverlauf etwas

Mächtige Felsbrocken aus Kalkgestein sind typisch für die Schwäbische Alb.

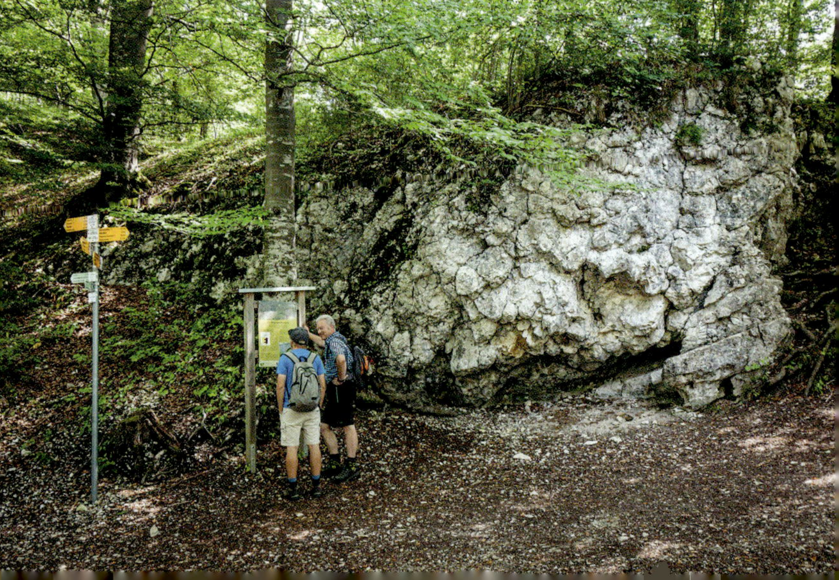

variieren, sollte man sich am Text orientieren. Auch die Karten im Buch zeigen den Wegverlauf an.
Bei den hier beschriebenen Touren handelt es sich teilweise um längere Wanderungen, zum Teil aber auch um kürzere Runden und Spaziergänge. Gerade bei Letzteren ist es praktisch, dass man sie problemlos miteinander zu einer längeren Wanderung zusammenfassen kann.

Gut kombinierbare Touren

- »hochgehnießen« & »hochgehlegen«
- »hochgehnießen« & »hochgehfestigt«
- »hochgehfestigt« & »hochgehlegen« (Achtung: zweimaliger Anstieg)
- »hochgehfestigt« & »hochgehkeltert« (Achtung: zweimaliger Anstieg)
- »hochgehkeltert« & »hochgehsiedelt«
- »hochgehfestigt« & »hochgehsiedelt«
- »hochgehswiggert« & »hochgehbürzelt«
- »hochgehbürzelt« & »hochgehgrenzt«
- »hochgehpilgert« & »hochgehschätzt«

Essen, Trinken und Pflaster

Grundsätzlich sollte man an die Verpflegung denken. Etwas zu trinken dabeizuhaben ist vor allem an heißen Sommertagen unbedingt empfehlenswert. Essen ist nicht ganz so wichtig, vor allem bei kurzen Touren – es ist schließlich noch niemand verhungert, der mal ein paar Stunden nichts gegessen hat. Aber gegen eine gemütliche Vesperpause ist trotzdem nichts einzuwenden.
Auch wenn in der Überschrift nur von Pflastern die Rede ist: Damit allein ist es noch nicht getan. Man verdrängt es zwar gerne, aber Verletzungen sind immer möglich. Gegen Risse, Kratzer und dergleichen sind Pflaster im Rucksack sowie ein Desinfektionsmittel nützlich. Schlimmer ist es aber, wenn man sich einen Fuß vertreten hat. Hat man eine elastische Binde dabei, schafft man vielleicht zumindest noch den Weg zurück zum Ausgangspunkt.
Immer wieder kommen auch Insektenstiche vor. Hierzu gibt es Geräte, mit denen man den Stachel oder das Gift entfernen kann, sowie Salben, um den Juckreiz zu mildern.

Einstufung der Touren

Als leicht gelten wirklich leichte, also relativ kurze Touren ohne oder mit ganz wenig Höhenunterschied und gut zu gehendem Weg. Ist die Wanderung etwas länger oder bringt sie einen mäßigen Höhenunterschied mit sich, wird sie als mittelschwer eingestuft. Als schwer eingeordnet sind lange Touren mit großen Höhenunterschieden, vor allem, wenn sie auf eher schwierig zu gehenden Pfaden verlaufen.

Sicherheit auf der Wanderung

Gut ist es immer, wenn man seine eigene Leistungsfähigkeit kritisch einschätzt – und die der Mitwanderer natürlich auch! Eine Kette ist immer nur so stark wie das schwächste Glied, und auf Begleitpersonen, die nicht mehr weitergehen können, ist unbedingt Rücksicht zu nehmen. Also heißt es überlegen: Schafft man die angegebene Strecke und die Höhenmeter oder nicht? Man sollte immer auch bedenken, dass man an heißen Sommertagen schneller an die Grenzen seiner Leistungsfähigkeit kommt als an kühleren Tagen. Auf jeden Fall sollte man stets genügend zu trinken dabeihaben, und etwas zu essen ist auch bei kürzeren Touren kein Fehler.

Ein kleiner Unfall ist schnell passiert, und wenn es auch »nur« ein verknackster Fuß ist, kommt man oft nicht mehr weiter. Empfehlenswert ist es, wenn man sich mindestens zu zweit auf die Socken macht. Alleinwanderer sollten immer eine Info hinterlassen, wo und wie lange sie unterwegs sein werden.

Hilfe herbeirufen kann man mit dem Handy, wobei der Empfang manchmal schlecht ist. Kann mit der Notrufnummer 112 keine Verbindung aufgebaut werden, sollte man das Handy ausschalten und bei Wiedereinschalten gleich die 112 eintippen, anstatt sich in sein eigenes Netz einzuwählen. Mit etwas Glück

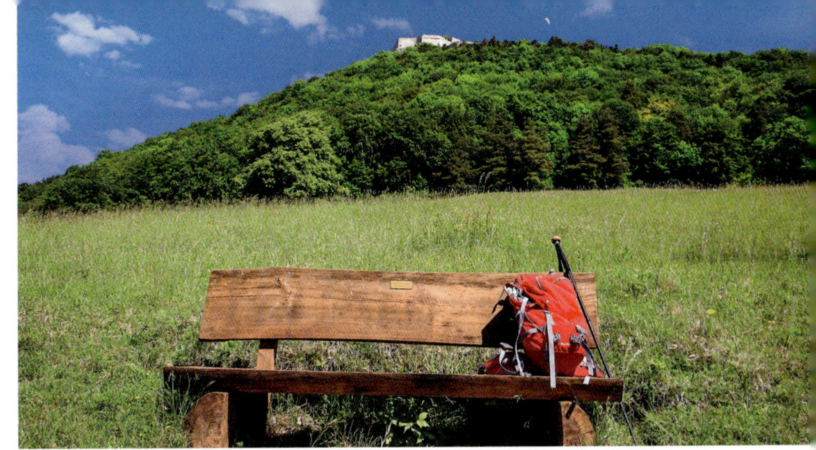

Rast mit Blick zur Ruine Hohenneuffen

sucht sich das Gerät das nächste verfügbare Netz. Oft nützt auch ein Standortwechsel.

Tiere und andere Gefahren

Es braucht bei uns zwar niemand Angst vor hungrigen Löwen oder giftigen Spinnen zu haben, aber es gibt trotzdem ein paar Tiere, vor denen man Respekt haben sollte.

Das sind zuerst einmal die Zecken. Die Schwäbische Alb ist zwar nicht als ausgesprochenes Zeckengebiet bekannt, aber es ist trotzdem nicht schlecht, wenn man sich nach einer Wanderung auf Zecken absucht. Ein Zeckenbiss kann schließlich schwere Komplikationen verursachen, von einer Hirnhautentzündung bis hin zur Borreliose. Noch größer ist die Gefahr, die vom Fuchsbandwurm ausgeht. Er wird vom Menschen meist durch den Verzehr niedrig hängender Beeren oder den Kontakt mit infizierten Haustieren aufgenommen und schädigt vor allem die Leber, manchmal auch Lunge und Gehirn.

Eine weitere Gefahr ist das Hantavirus. Es wird durch Rötelmäuse beziehungsweise deren Ausscheidungen übertragen. Wenn man beim Wandern zum Beispiel trockenes Laub aufwirbelt, kann man den Erreger einatmen.

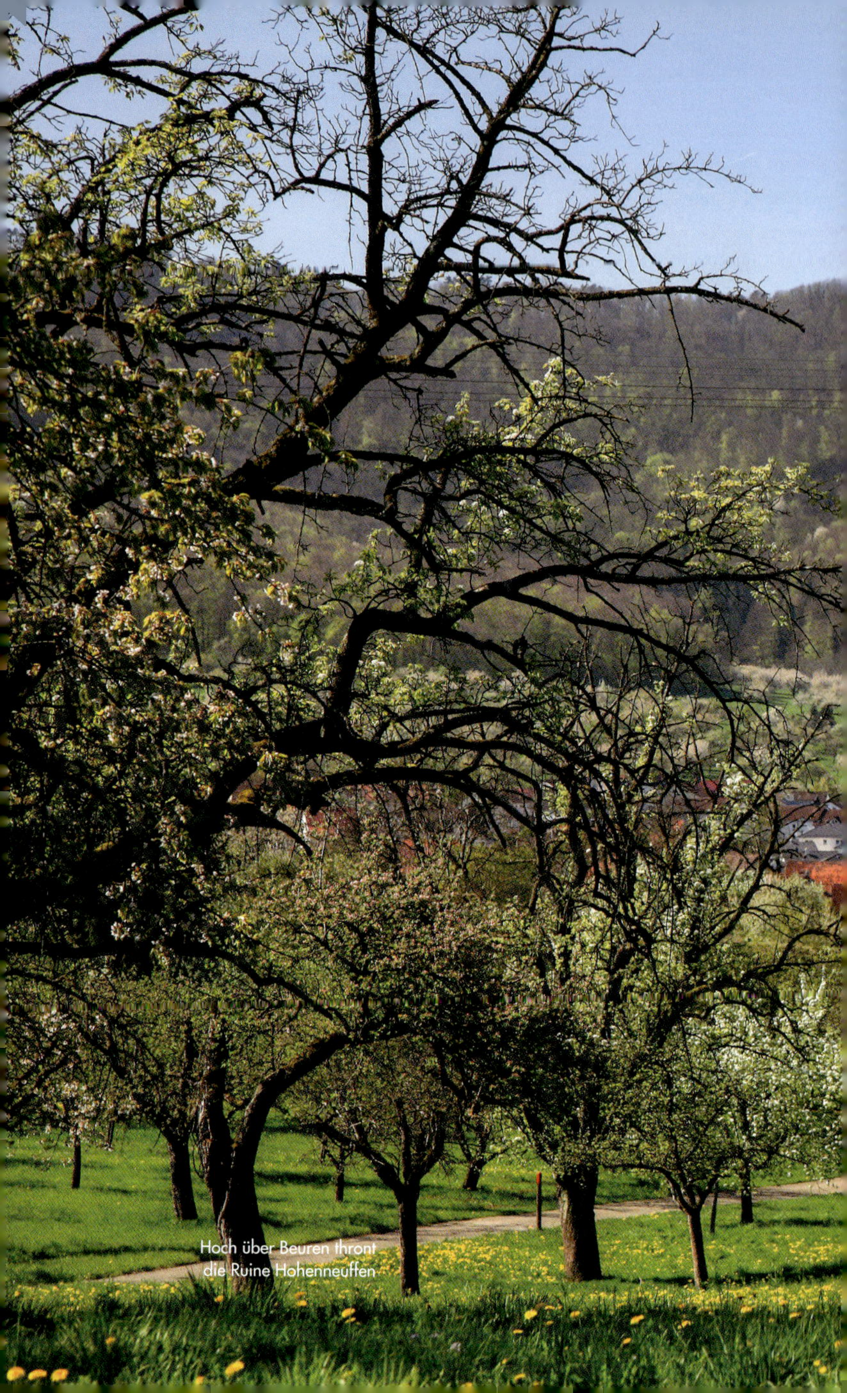

Hoch über Beuren thront
die Ruine Hohenneuffen

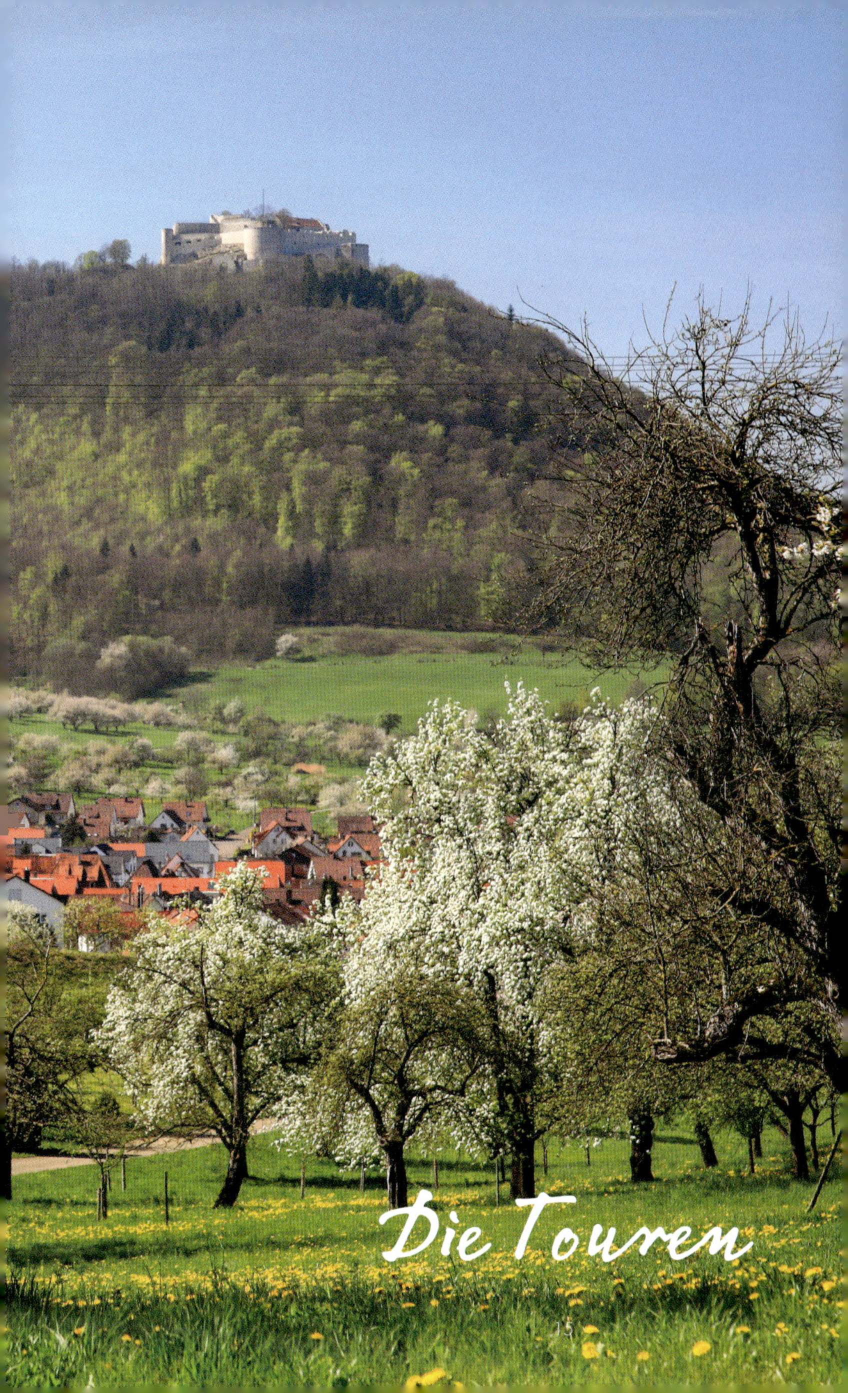

Die Touren

1 hochgehblickt

Blick über den Neckar zur Schwäbischen Alb

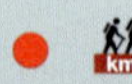

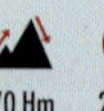
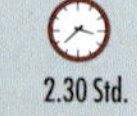

Mittel 9 km 70 Hm 2.30 Std.

Tourencharakter: Rundwanderung auf guten Wegen.

Tourenverlauf: Nürtingen – Oberensingen – Villa Rustica – Wald – Hochen – Galgenberg – Neckarhausen – Nürtingen

Ausgangspunkt: Nürtingen, Hallenbad, Galgenbergstraße, 270 m, GPS-Koordinaten: 48.628309, 9.331633

Höchster Punkt: Am Waldrand nach Alpakafarm, 368 m

Einkehr: Nürtingen

Karten: Wanderkarte Kirchheim unter Teck, 1:25 000, Hrsg. Schwäbischer Albverein e. V., Kartographie: Landesamt für Geoinformation und Landentwicklung Baden-Württemberg (LGL); Wanderkarte mit Radwegen 52-539, Stuttgart Südost NaturNavi

Informationen: www.nuertingen.de

Wald, Felder, Streuobstwiesen, beste Aussicht über den Neckar zur Schwäbischen Alb sind die passenden Charakteristika dieser Tour. Sie führt uns von der Hölderlinstadt Nürtingen durch einen prächtigen Park im Stil englischer Landschaftsgärten hinauf auf die Höhe.

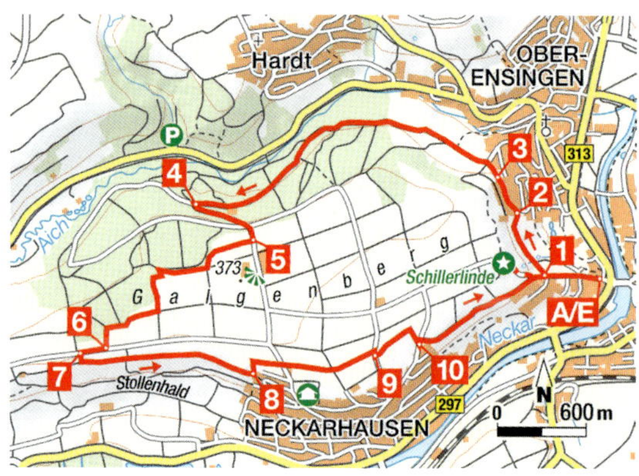

Durch den Galgenbergpark zum römischen Gutshof Wir gehen auf dem Hallenbadparkplatz an die westliche Ecke des Hallenbads und zu dem Schild Hallenbad Nord (271 m) und danach zwischen Spielplatz und Sportplatz zum Galgenbergpark. Durch diese schöne Parkanlage mit den prächtigen alten Bäumen steigen wir nun parallel zur Galgenbergstraße hinauf zum Schild **Galgenbergpark** (308 m) ❶. Nun enden die Schilder »Zuwegung«, der eigentliche Wanderweg beginnt. Hier biegen wir rechts ab in Richtung »römischer Gutshof«. Vor-

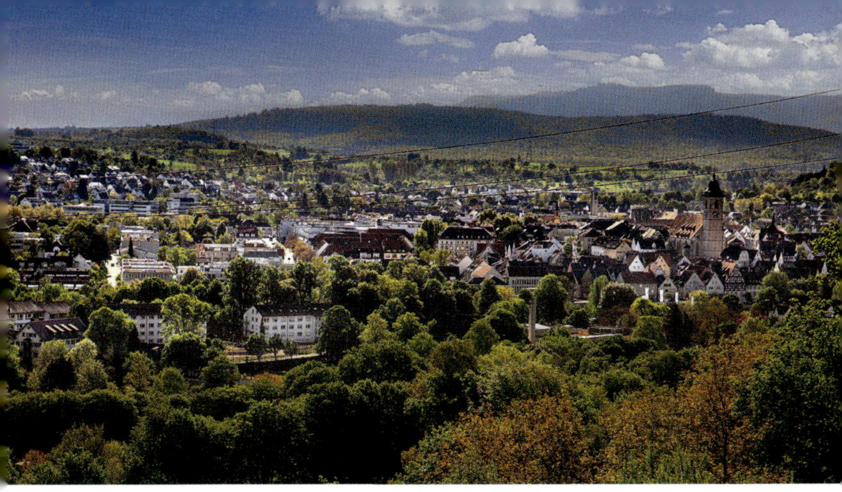

Nach dem Galgenberg bietet sich ein prächtiger Blick über Nürtingen zur Schwäbischen Alb.

bei an einem Mammutbaum verlassen wir den Park und spazieren mit weitem Blick über Nürtingen nach rechts bis zu den Häusern von **Oberensingen** 2. An der querenden Straße zweigen wir am Schild Friedrich-Glück-Straße (306 m) links ab. Kurze Zeit darauf stehen wir vor dem **römischen Gutshof Oberensingen** (313 m) 3. Der Gutshof, von dem heute noch etliche Mauerreste gut erhalten sind, ist durch Tafeln ausführlich erklärt.

Anfahrt

Auto: A8 bis Ausfahrt Wendlingen, dann auf der B313 nach Nürtingen. Auf der Straße bleiben bis zum rechts liegenden Hallenbad und der abgehenden Galgenbergstraße. Wenn man der Galgenbergstraße etwas hinauf folgt bis zum Ende des Parks, kann man das Auto ebenfalls abstellen; ÖPNV: Bahn bis Nürtingen, Bus ab Bahnhof bis Nürtingen Mühlstraße oder Neckarbrücke (www.efa-bw.de).

Durch Streuobstwiesen und Wald zur Alpakafarm Wir gehen links an ihm vorbei, danach etwas abwärts bis zum Schild Aichhalde Ost (308 m). Jetzt wandern wir geradeaus weiter, und kommen an Streuobstwiesen vorbei. Am Schild Aichhalde Nordost (307 m) werden wir nach links und kurz aufwärts verwiesen. Bald kommen wir in den Wald und dort nach einiger Zeit am Schild oberhalb Aichbrücke (316 m) vorbei. Danach werden wir am Schild **Bauernwald Mitte** (337 m) 4 scharf nach links verwiesen. Nach einem kurzen Anstieg verlassen wir den Wald und steuern auf die Alpakafarm zu

Am Waldrand entlang zum Wildrosenlehrpfad Noch vor dem Gebäude werden wir am Schild **nördlich Alpakafarm** (369 m) 5 nach rechts geleitet. Am Waldrand biegen wir an der Beschilderung nordwestlich Alpakafarm (368 m) nach links ab, dann werden wir beim Schild westlich Alpakafarm (369 m) nach rechts verwiesen. Im Prinzip folgen wir nun immer dem Waldrand. Es geht am Schild Hochen West (366 m) vorbei, dann verlassen wir vorübergehend den Waldrand und gehen durch die Felder. Gleich am nächsten Querweg halten wir uns aber rechts und erreichen beim Schild Lauch Nord (368 m) wieder den Waldrand. Hier geht es nach links weiter.

Nach einem Linksknick erreichen wir einen Schotterweg, wo sich uns ein erster Blick zum Neckar bietet 6. Wir halten uns am Schild Wildrosenlehrpfad

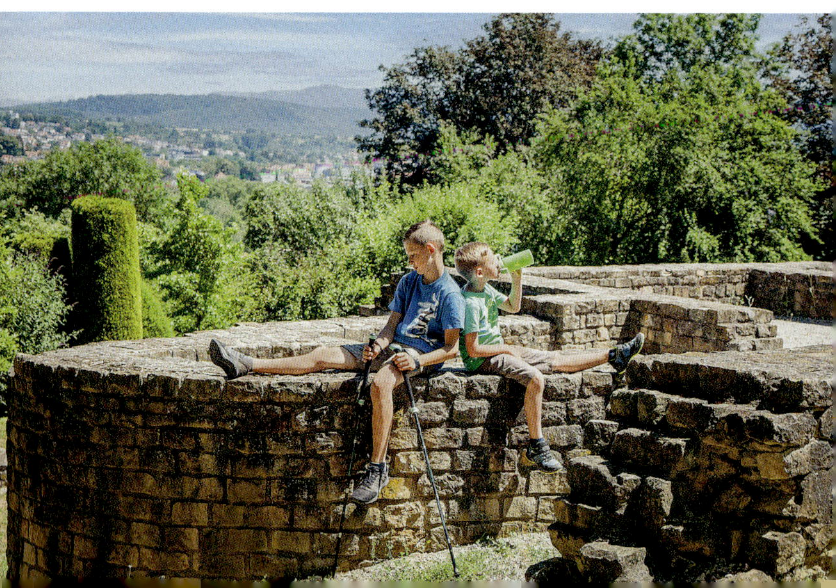

Rast am Römischen Gutshof

(363 m) rechts und spazieren an zwanzig verschiedenen Sorten von Wildrosen entlang weiter.

Immer mit Blick zum Neckar und zur Schwäbischen Alb Etwas später biegen wir am Ende des Lehrpfads bei dem Schild **Wildrosenlehrpfad West** (365 m) 7 links ab. Gleich darauf treffen wir beim Schild Urhöld Südwest (368 m) auf einen Feldweg. Ihm folgen wir nach links. Ab jetzt begleitet uns immer der Blick über Streuobstwiesen hinab zum Neckar und zur dahinterliegenden Schwäbischen Alb. Markant stechen dort der Hohenneuffen (links) und die Achalm (rechts) heraus. Der Weg führt anschließend am Wengert-Häuschen (354 m), danach am Hirschbrunnen vorbei. Kurz vor einer Scheune treffen wir auf einen querenden Feldweg, ihm folgen wir nach rechts. Vor den ersten Häusern von Neckarhausen werden wir auf einem Wiesenweg nach links verwiesen 8. Gleich darauf biegen wir rechts in einen Feldweg ein. Am Schild Steigäcker Mitte (357 m) überqueren wir einen asphaltierten Weg und wandern geradeaus weiter. Am nächsten Asphaltweg biegen wir, diesmal ohne Zeichen, erst rechts 9 und dann gleich wieder links auf den Wiesenweg ein. An einem kreuzenden Wiesenweg halten wir uns rechts und gelangen zu einem Sträßchen. Hier biegen wir zunächst links ab, gleich darauf zweigen wir aber rechts ab 10.

Weiter geht es durch Streuobstwiesen und mit Blick zur Schwäbischen Alb zum Ortsrand von Nürtingen. Dort weist ein Schild zur »Schillerhöhe«, als Entfernung werden 200 Meter angegeben. Folgt man dem Abstecher, erwartet uns auf der Schillerhöhe bei den mächtigen Bäumen wieder ein Ausblick bis zur Schwäbischen Alb, außerdem gibt es dort einen Grillplatz. Ansonsten gehen wir links der Straße auf bekanntem Weg durch den Galgenbergpark zurück zum Ausgangspunkt.

2 hochgehadelt

Über die Teck zum Breitenstein

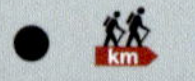
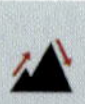
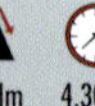

Schwer 12,9 km 580 Hm 4.30 Std.

Tourencharakter: Rundwanderung mit Anstiegen auf guten Wegen. Das Stück am Steilabhang kann auch umgangen werden.

Tourenverlauf: Bissingen – Hörnle – Teck – Sattelbogen – Ruine Rauber – Ochsenwang – Breitenstein – Bissingen

Ausgangspunkt: Bissingen an der Teck, Wanderparkplatz Am See, 423 m, GPS-Koordinaten 48.594524, 9.491675

Höchster Punkt: Breitenstein (812 m)

Einkehr: Ruine Teck, Bissingen

Karten: Wanderkarte Kirchheim unter Teck, 1:25 000, Hrsg. Schwäbischer Albverein e. V., Kartographie: Landesamt für Geoinformation und Landentwicklung Baden-Württemberg (LGL); Wanderkarte mit Radwegen 54-539 Göppingen Kirchheim unter Teck, 1:25 000, NaturNavi

Informationen: www.owen.de, www.bissingen-teck.de

Hinweis: In der Ruine Teck sollte man auf den Aussichtsturm hinaufsteigen.

Die geschichts- und aussichtsreiche Ruine Teck ist das erste Ziel dieser Tour. Mit weiteren Aussichtspunkten wandern wir über den Sattelbogen und die Ruine Rauber zum Breitenstein. Besonders schön ist es im Frühjahr, wenn die Obstbäume einen weißblühenden Gürtel um die Berge spannen.

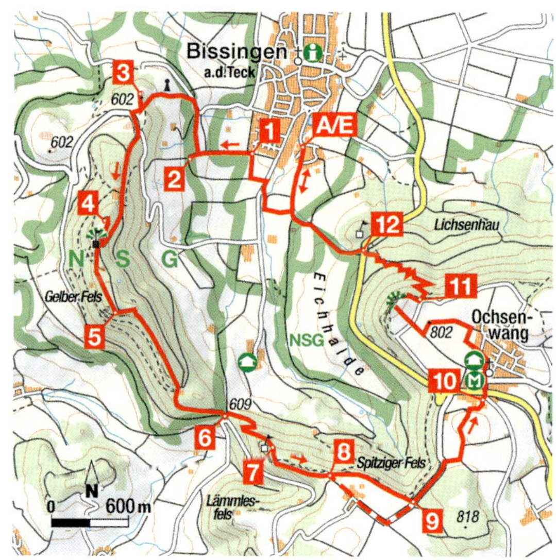

Durch Streuobstwiesen hinauf Ab dem Wanderparkplatz in Bissingen folgen wir der Seestraße aus dem Ort hinaus. Am Schild beim Schützenhaus (458 m) biegen wir rechts ab. Danach halten wir uns am Schild Hau Südwest (451 m) rechts zu der Scheune. Beim Schild Hau Nordwest (449 m) überqueren wir

eine Brücke und kommen zu einer Ansammlung von Kunstwerken.
Wir gehen noch geradeaus weiter, halten uns aber gleich danach links, im Anschluss rechts und wandern bis zum Schild **Runsäcker Nordwest** (442 m) 1 vor den Häusern. Nun geht es nach links geradeaus hinauf bis zum Schild südwestlich Neuberg (496 m). Hier führt unser Weg zwar rechts

Anfahrt

Auto: A8 bis Kirchheim/Teck Ost, dann auf der B465 ins Lenninger Tal und gleich links über Nabern nach Bissingen; ÖPNV: Regionalbahn oder S-Bahn bis Kirchheim/Teck, weiter mit dem Bus bis Bissingen, Haltestelle See (www.vvs.de).

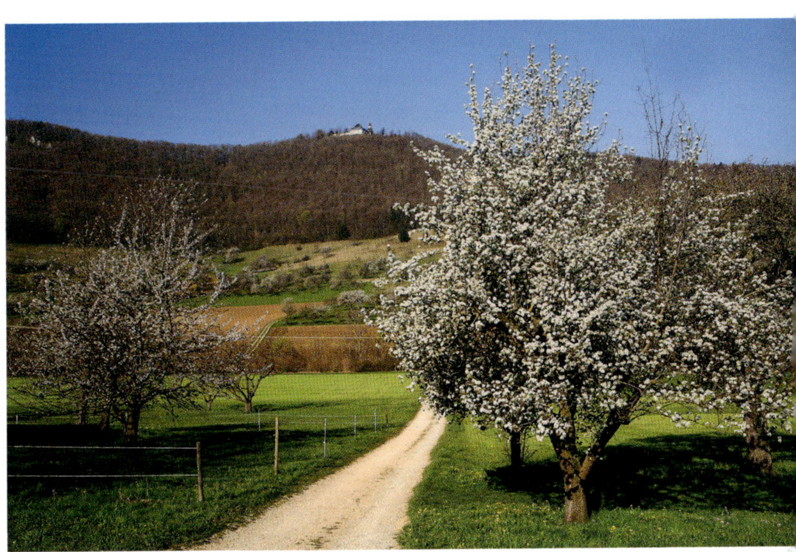

Vom Tal aus hat man bereits die Ruine Teck im Blickfeld.

weiter, zuerst sollten wir aber nach links zu dem kleinen **Bleicherhäusle** (509 m) 2 gehen. Seine Geschichte steht auf einer Tafel und von der Bank aus hat man nicht nur einen schönen Überblick über die Gegend, sondern kann sich auch vom Anstieg erholen.

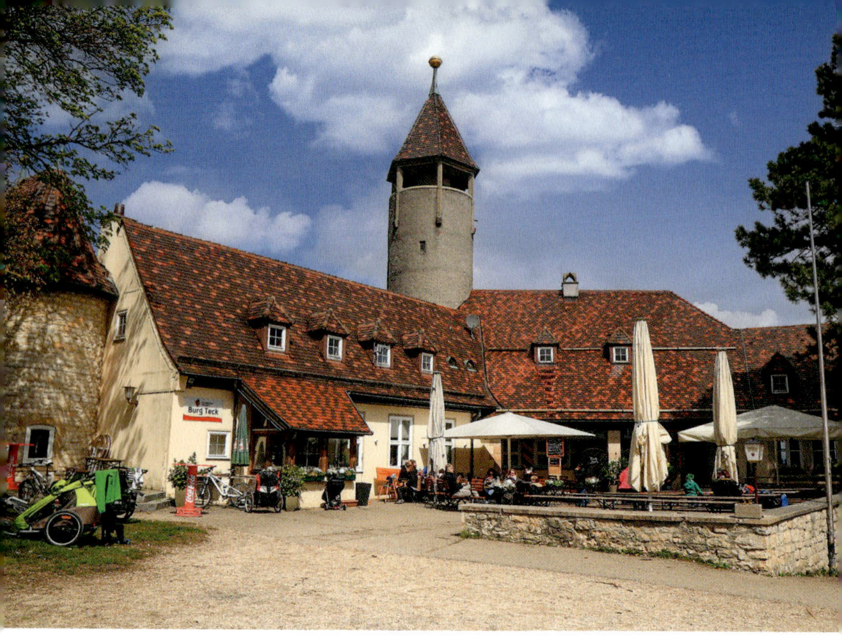

Auf der Ruine Teck lädt ein Wanderheim zur Einkehr. Auch übernachten kann man hier. Auf jeden Fall sollte man aber den Aussichtsturm besteigen.

Danach folgen wir dem Weg weiter. Als Wiesenweg bringt er uns zu einem Feldweg. Hier geht es mit einem Rechts-links-Knick weiter. Gleich darauf, am Schild Roßwasen Ost (492 m), biegen wir links ab. Nun folgen ein paar steile Minuten. Es geht am Schild Roßwasen Mitte (524 m) vorbei zum Schild Roßwasen Nordwest (552 m). Hier zieht der Weg nach links. Nach ein paar Dolinen kommen wir zum Waldrand, hier gehen wir nach rechts zu der Bank und dort nach links in einem Schlussanstieg hinauf zum Schild Am Hörnle (590 m). Nun haben wir den ersten Teil geschafft und uns eine Pause verdient. Dazu gehen wir nach rechts zum **Aussichtspunkt** 3, wo eine Bank und ein Denkmal auf uns warten.

Über die Burg Teck und den Gelben Fels zum Sattelbogen Im Anschluss gehen wir zurück zum Parkplatz und zu dessen Einfahrt mit dem Schild Parkplatz Hörnle (605 m). Von dort führt der Weg in den Wald, in dem es weiter ansteigt. Wir passieren das Schild Roßwasen Nord (672 m) und eine Hütte, danach das Schild Roßwasen (683 m). Am Schild bei der Burg Teck (744 m) machen wir einen Abstecher von 200 Metern nach rechts zur **Burg Teck** 4, wo man einkehren kann; auch den Turm sollte man besteigen. Vor dem Eingang geht es nach rechts hinab zur Sibyllenhöhle.

Anschließend gehen wir wieder zurück zum Abzweig und halten uns rechts. Gleich danach nehmen wir am Schild Teck West (744 m) den linken Pfad. Er führt uns vorbei am ehemaligen Segelfliegerstartplatz Gelber Fels zum aussichtsreichen **Gelben Fels** 5. Danach fällt der Weg ab und bringt uns zum **Sattelbogen** (604 m) 6, den wir nach einem Grillplatz erreichen. Dort halten wir uns links. Gleich darauf folgen wir am Schild Sattelbogen (604 m) dem nach rechts ansteigenden Pfad zur »Ruine Rauber«.

Die Ruine Rauber liegt gut versteckt mitten im Wald.

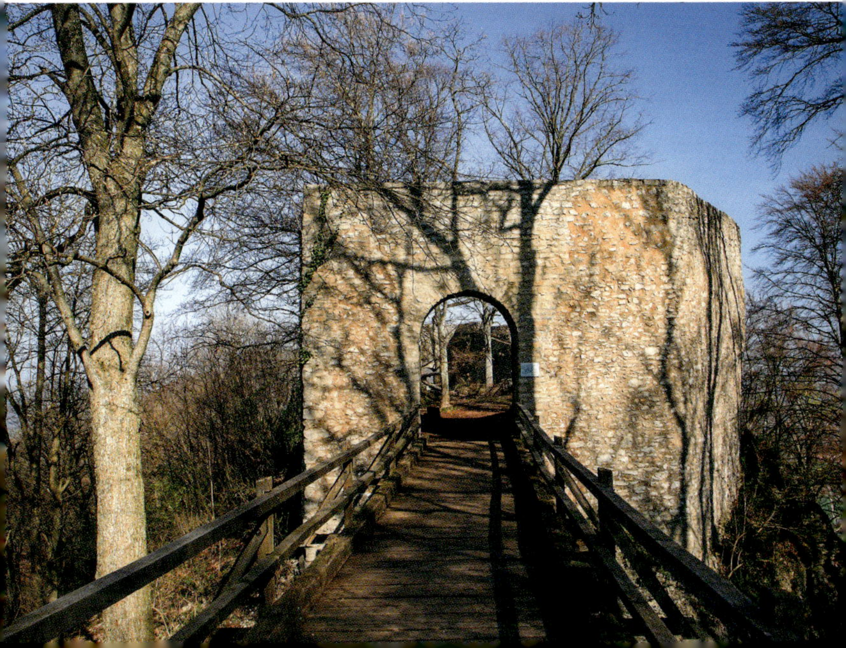

Über die Ruine Rauber nach Ochsenwang Erst geht es weiter mäßig hinauf bis vor die Ruine Rauber, die sich vor uns wie ein großer dunkler Schiffsbug erhebt. Nun steigt es etwas steiler an. Unter der Brücke hindurch gelangen wir hinauf zum Eingang der **Ruine Rauber** (740 m) ❼.

Nach einer Rast folgen wir weiter dem Weg, der erst entlang mächtiger Felsen verläuft. Schließlich erreichen wir am Schild **Friedhof Diepolzburg** (769 m) ❽ den kleinen Privatfriedhof des Hofguts Diepolzburg, auf dem einige Mitglieder der Familie Rall bestattet liegen; der Friedhof steht unter Denkmalschutz.

Hier haben wir zwei Möglichkeiten. Die einfachere, dafür aber 800 Meter längere wäre, geradeaus weiterzugehen. Nach dem Hofgut zieht die Straße nach links bis zum Parkplatz. Mit »Trittsicherheit erforderlich« ist der am Friedhof links abgehende Pfad markiert. Dies bezieht sich darauf, dass er an einigen Stellen direkt am Steilabfall entlangführt. Bei Feuchtigkeit, Eis und Schnee sollte man ihn nicht begehen und lieber den längeren Weg nehmen.

Ruine Teck

Die um 1150 erbaute Burg Teck geht vielleicht auf Herzog Konrad von Zähringen (1122–1152) zurück, dem nach den Welfen und Staufern einflussreichsten Fürsten in Süddeutschland. Die Burg wurde 1152 in einem Vertrag zwischen König Friedrich I. Barbarossa und dem Sohn Konrads, Herzog Berthold von Zähringen, erstmals erwähnt. 1519 hielt sie dem Ansturm des Schwäbischen Bundes gegen Herzog Ulrich nicht stand und wurde 1525 im Bauernkrieg zerstört. Interessant ist, dass das englische Königshaus über Herzog Alexander die Herzöge von Teck zu seinen Vorfahren zählen kann. 1888 war die Ruine Anlass zur Gründung des Schwäbischen Albvereins, denn der Verschönerungsverein Kirchheim übernahm sich beim Bau des Teckturmes finanziell. Er bat die benachbarten Verschönerungsvereine um Spenden. Aus einem daraufhin folgenden Treffen im Waldhorn in Plochingen ging dann der am 13. August 1888 gegründete Schwäbische Albverein hervor.

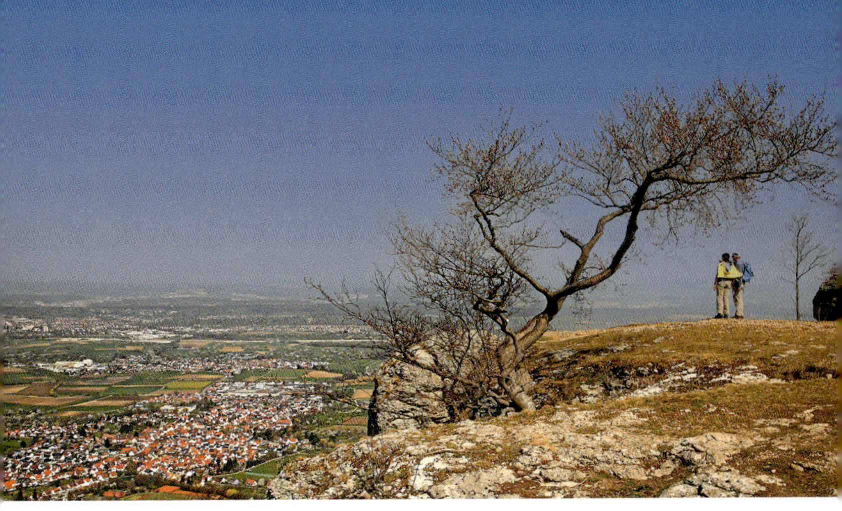

Der Breitenstein ist einer der schönsten Aussichtsberge am Albtrauf.

Am Schild **Parkplatz Diepolzburg** (780 m) **9** vereinigen sich beide Wege wieder. Wir gehen erst links der Straße nach links. Am Schild südöstlich Kennberg (788 m) überqueren wir die Straße zum Schild nordwestlich Bruckener Hörnle (788 m); nun wandern wir rechts der Straße weiter. Nach dem Wald biegen wir am Schild nordwestlich Afterleder (789 m) rechts ab, gleich danach folgen wir dem Asphaltweg nach links. Vorbei am Schild nordöstlich Hinterer Bühl (798 m) steuern wir auf den Wasserbehälter zu. Vor ihm zieht der Weg nach links und wir gehen links des Behälters etwas bergab. Hier sehen wir einige markante Weidbäume. Unterhalb vom Wasserbehälter zieht der Weg etwas nach rechts und bringt uns dann hinab nach **Ochsenwang** **10**.

Zum aussichtsreichen Breitenstein und hinab nach Bissingen Dort überqueren wir die Straße und spazieren in der Eduard-Mörike-Straße in den Ort hinein. Rechts liegt die Kirche, ihr gegenüber links der Straße das Mörike-Museum. Kurz danach erreichen wir am Schild Ochsenwang (769 m) eine Hüle, an der eine Skulptur eines Bauern mit seinem Ochsen steht.

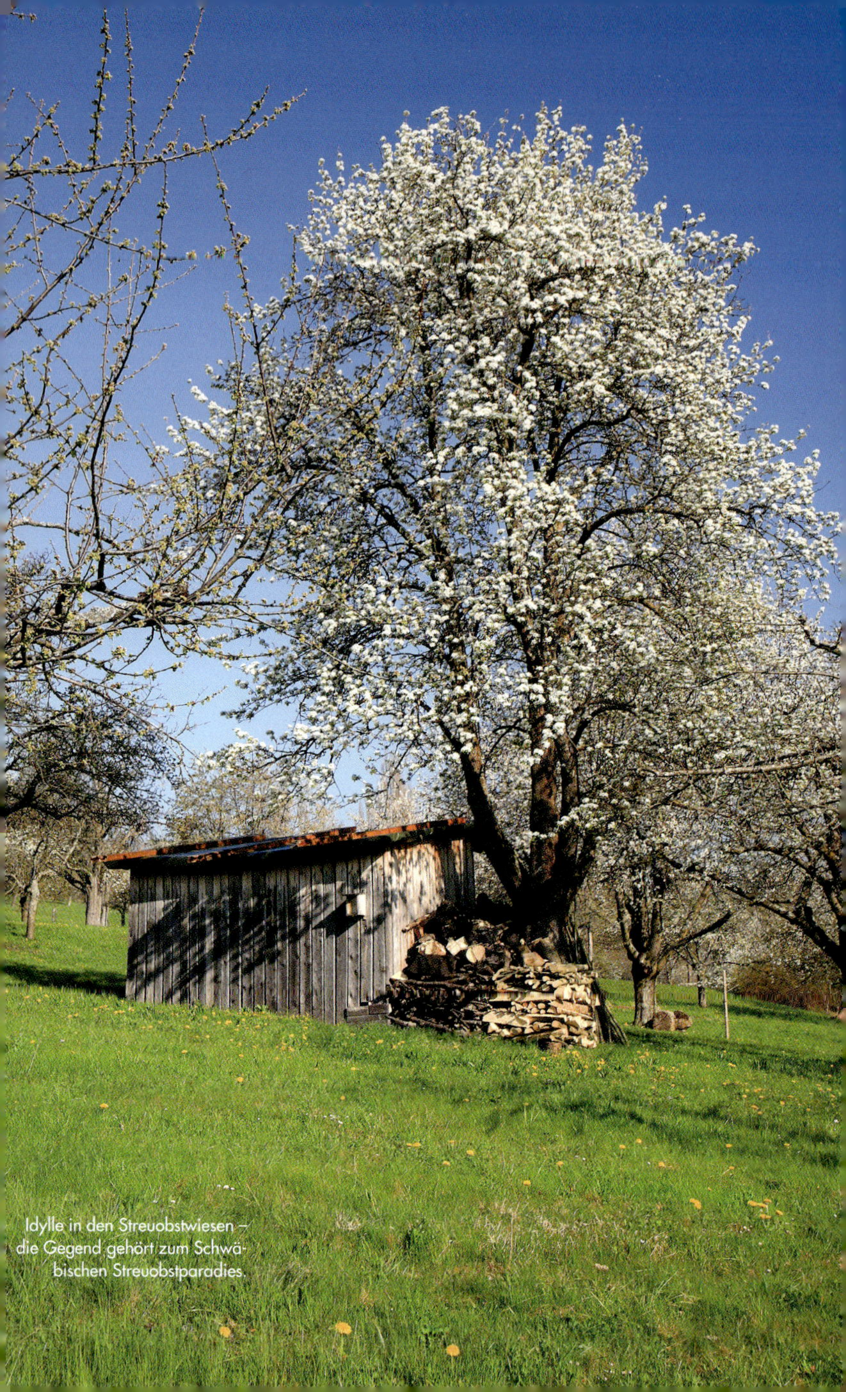

Idylle in den Streuobstwiesen – die Gegend gehört zum Schwäbischen Streuobstparadies.

Danach zieht die Straße nach rechts, wir gehen aber geradeaus weiter und aus dem Dorf hinaus.
Es geht am Schild Breitensteinweg (767 m) vorbei, danach knickt der Weg rechts ab und wir kommen zum Schild Pfähling Nordost (771 m). Hier folgen wir dem Asphaltweg nach links. Am Schild nordwestlich Stellhecke (784 m) quert ein Weg. Er bringt uns nach rechts zum Schild südöstlich Breitenstein (789 m). Nach links ginge es zum Parkplatz, wir wandern aber geradeaus zum Breitenstein (807 m). Hier bietet sich eine herrliche Aussicht zur Teck und ins Voralbland. Wir halten uns am Trauf rechts und gehen am Schild Breitenstein Ost (775 m) vorbei zum gleichnamigen Schild vor einem festen Weg. Hier biegen wir links ab in Richtung »Schützenhaus« 11.
Weiter geht es in Serpentinen steil hinab zum Schild nördlich Breitenstein (628 m). Wir überqueren den Forstweg und kommen über das Schild Schaftrieb Südwest (590 m) zur Straße. Etwas nach rechts versetzt geht es weiter bergab 12. Rechts sehen wir einen Hügel, hier stand die **Ruine Hahnenkamm**.
Nun wandern wir durch einen recht urtümlich wirkenden Wald mit viel Totholz bergab. Beim Schild Melkersteich Nordost (556 m) kommen wir aus dem Wald hinaus. Vorbei an den Schildern Melkersteich Nord (532 m), Melkersteich Nordwest (495 m) und Enzenwiesen Süd (495 m) erreichen wir am Schild beim Schützenhaus (458 m) einen asphaltierten Weg. Nach rechts gelangen wir nun in wenigen Minuten zurück zum Ausgangspunkt.

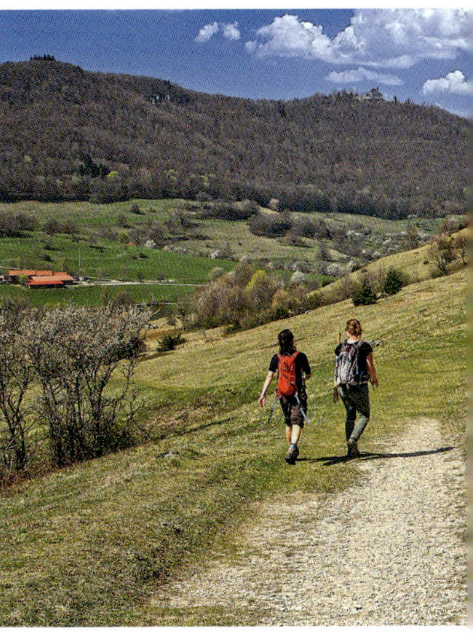

Der letzte Abschnitt führt durch eine eher karge Landschaft – aber wieder mit Blick zur Teck.

3 hochgehnießen

Rund um die alten Bauernhöfe

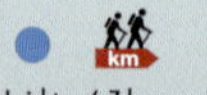 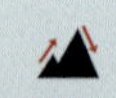 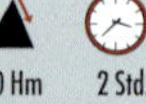

Leicht 6,7 km 110 Hm 2 Std.

Tourenverlauf: Beuren/ Freilichtmuseum – Blumentobel-Hütte – Breitenlau-Hütte – Hohenneuffen-Blick – Wanderparkplatz Zwetschgenwäldle – Engelberg – Freilichtmuseum

Ausgangspunkt: Beuren, Freilichtmuseum, Engelbergweg, 485 m, GPS-Koordinaten: 48.574168, 9.412302

Höchster Punkt: Aussichtspunkt Engelberg, 494 m

Einkehr: Freilichtmuseum; Beuren

Karten: Wanderkarte Kirchheim unter Teck, 1:25 000, Hrsg.: Schwäbischer Albverein e. V., Kartographie: Landesamt für Geoinformation und Landentwicklung Baden-Württemberg (LGL); Wanderkarte mit Radwegen 52-538, Reutlingen Bad Urach, 1:25 000, NaturNavi

Informationen: www.beuren.de, www.freilichtmuseum-beuren.de

Diese Wanderung führt meist durch Streuobstwiesen, was insbesondere im Frühjahr zur Blüte ein wunderbares Erlebnis ist. Unterwegs haben wir immer einen Blick über die Landschaft und zu den Ruinen Hohenneuffen und Teck und können abschließend das Freilichtmuseum besuchen.

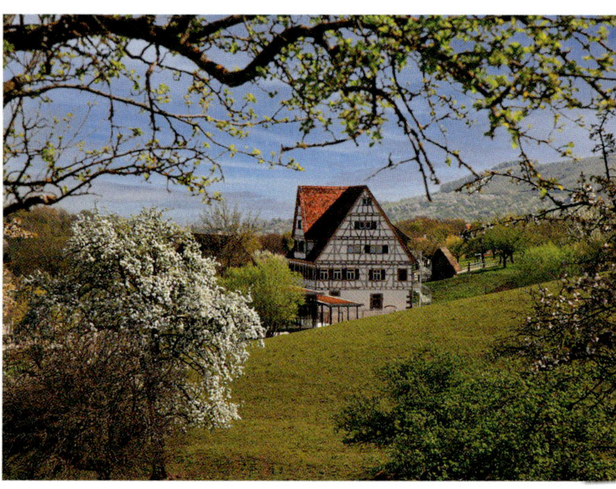

Vom Freilichtmuseum in die Streuobstwiesen Wir gehen vom oberen Parkplatz am Freilichtmuseum vorbei zum unteren Parkplatz, dort führt ein schmaler Pfad über einen kleinen Steg auf die beiden Hügel Spitzberg und Engelberg zu. Am Ende des Wiesenpfades zweigen wir rechts auf einen Schotterweg ab. Auf ihm wandern wir nun sanft abwärts. Wo nach einem querenden Bach der Wald rechts an den Weg heranrückt, biegen wir links ab (Herbstwiesen) 1.

Vorbei an zwei Hütten Wir bleiben zunächst auf diesem Weg, gehen aber dort, wo er nach links abknickt, geradeaus auf einem Wiesenweg weiter. Vorbei an einem eingezäunten Gelände kommen wir in den Wald. Am **Tor des Zauns** 2 biegen wir links ab und verlassen den Wald. Nun folgen wir dem nach rechts ziehenden Weg, bald wieder durch Streuobstwiesen. Rechts sehen wir bald die Blumentobel-Hütte, etwas später erreichen wir die Straße. Nach einem kurzen Stück biegen wir rechts ab und wandern rechts an der **Breitenlau-Hütte** 3 vorbei. Am Waldrand orientieren wir uns links und folgen ihm, später steil bergab. Wir haben nun einen schönen Blick zur Ruine Hohenneuffen und geradeaus zum ehemaligen Steinbruch am Hörnle. Wo der Wald rechts aufhört, biegen wir links ab 4.

Nach einem querenden Asphaltweg gehen wir unbefestigt weiter. Der Weg knickt erst links, dann rechts ab und zieht durch die Streuobstwiesen bis zu einem Sträßchen. Etwas rechts davon sehen wir den **Wanderparkplatz Zwetschgenwäldle** 5.

Auf dem Bodenlehrpfad Hier orientieren wir uns links, wo uns nun einige Stationen des interessanten Bodenlehrpfads begleiten. Bald werden wir nach rechts verwiesen. Der Weg knickt links ab und wir wandern etwas auf-

Anfahrt

Auto: A8 bis Ausfahrt Kirchheim/Teck, dann auf der B465 ins Lenninger Tal bis Owen. Dort rechts abbiegen in Richtung Beuren; ÖPNV: S-Bahn oder Regionalbahn bis Neuffen oder Owen. Weiter mit dem Bus. Info: www.vvs.de

Linke Seite: Die Wanderung startet am Freilichtmuseum Beuren, das hinterher einen Besuch lohnt.

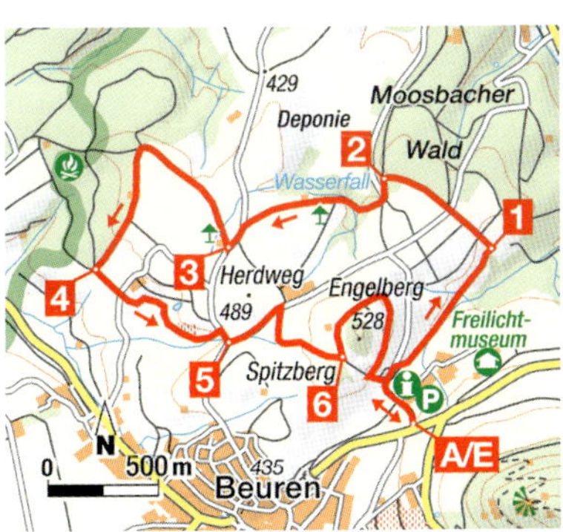

Tourencharakter

Wir wandern auf festen und Naturwegen. Die Tour kann mit den Wanderungen »hochgehlegen« oder »hochgehfestigt« kombiniert werden. Ebenso mit der Tour »hochgehkeltert«, dann aber mit zweimaligem Anstieg.

wärts bis vor den **Hügel Engelberg** 6. Hier halten wir uns links und umrunden den bewaldeten Hügel. Wo die Bäume links des Weges aufhören, haben wir einen weiten Blick über die Landschaft. Nun biegen wir rechts ab und wandern auf einem Wiesenweg bis oberhalb des Sträßchens beim Freilichtmuseum.

Wir gehen nach rechts hinab zu dem Sträßchen und spazieren nach rechts zurück zum Parkplatz. Anschließend bietet sich ein Besuch des interessanten Bauernhofmuseums an; ein Besuch ist für alle Altersklassen ein bleibendes Erlebnis.

Freilichtmuseum Beuren

Wie alle Freilichtmuseen ist auch das Freilichtmuseum Beuren ein Paradies für Jung und Alt, die die Luft der Vergangenheit – sei sie nun schöner oder härter gewesen – schnuppern wollen. Manche Ältere finden Gegenstände oder Einrichtungen, die sie noch von früher kennen, und sei es von Besuchen bei den Großeltern. Und die Kinder staunen, wenn ihnen die Erwachsenen das erzählen. Wie sie vielleicht am gleichen Küchentisch bei der Oma gesessen sind, vielleicht dasselbe Küchengerät benutzt haben. In Beuren werden zahlreiche original wiederaufgebaute Gebäude des ländlichen Raumes aus dem Mittleren Neckarraum und der Schwäbischen Alb gezeigt. Es gibt unter anderem einen Hausgarten, einen Museumsacker und den nach der letzten Inhaberin benannten Tante-Helene-Laden. Der große Renner dort sind außer verschiedenen Spielsachen die Himbeerbonbons in offenen Gläsern, die abgewogen und dann in Papier-Spitztüten verpackt werden. Einen guten Einblick in die Atmosphäre dieses dörflichen Ladens geben die folgenden Sätze in einem Werbebrief zum sechzigjährigen Jubiläum an die Lieferanten: »Es war einmal ... Die Ladenglocke bimmelt, die Kundschaft hat »das gewisse Etwas von gestern« wiederentdeckt. Sie liebt die Sinnlichkeit des Suchens und Findens, kein Laserstift kontrolliert die Ehrlichkeit, sondern das Auge von Tante Helene. Die Kunden schwärmen vom Duft der heilen Welt. ...«. Aber Kinder waren auch damals schon Kinder und zu Streichen aufgelegt: So landete nicht selten auch eine Stinkbombe im Laden.

Im Freilichtmuseum gibt es ein reiches Besucherprogramm mit vielen Veranstaltungen. Kinder werden sich an den hier gehaltenen Nutztieren erfreuen; zu bestimmten Zeiten finden auch Fütterungen statt. Die Schafe mit ihren Lämmchen oder die Kaninchen sind auch außerhalb dieser Zeiten an etwas frischem Gras oder Löwenzahnblättern interessiert. Ein Parcours mit 20 Stationen lädt dazu ein, die Landschaft mit anderen Augen zu betrachten.

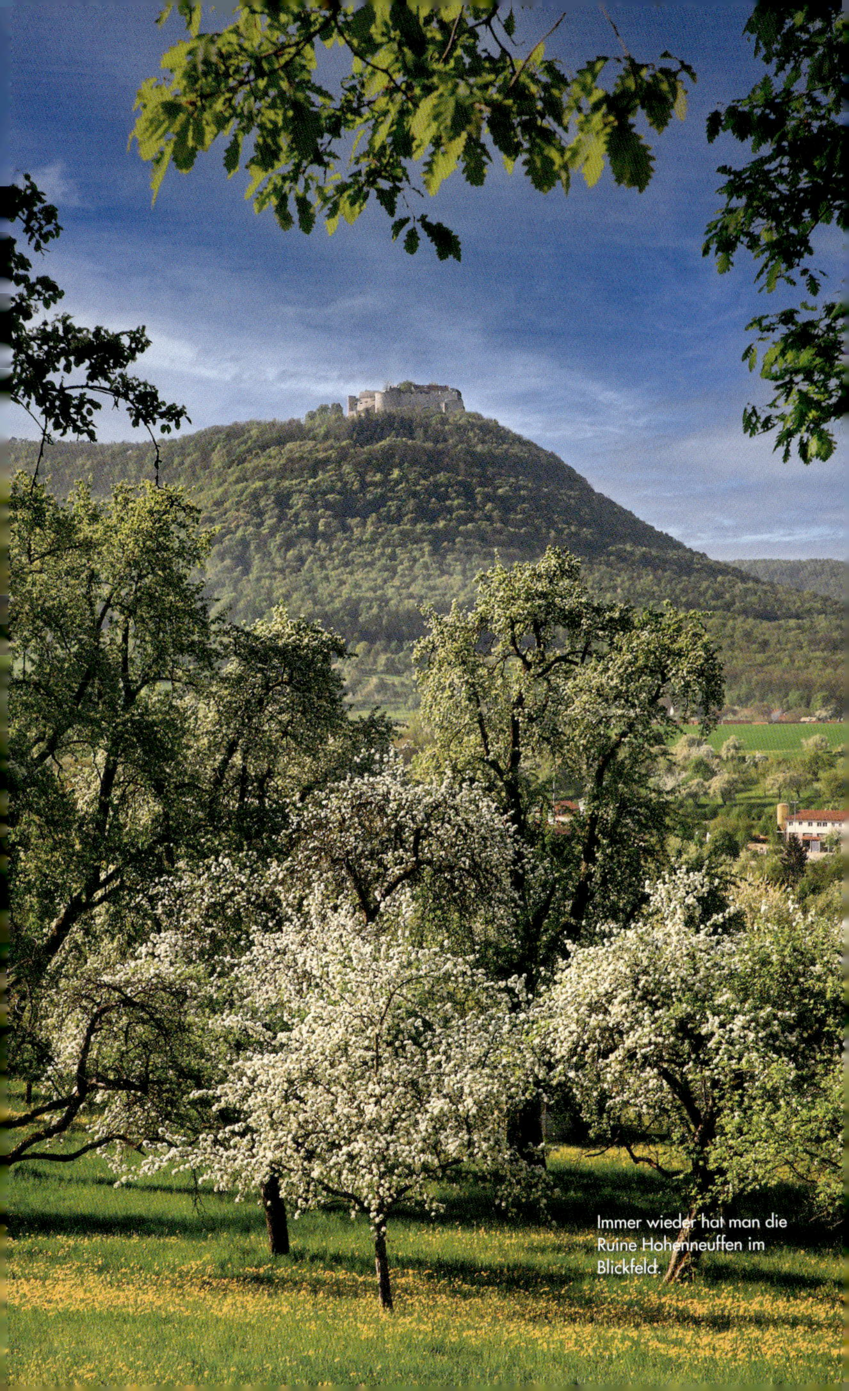

Immer wieder hat man die Ruine Hohenneuffen im Blickfeld.

4 hochgehlegen

Für historisch interessierte Wanderer

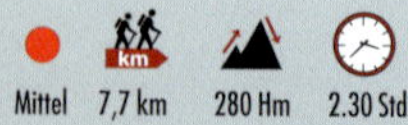

Tourencharakter: Bis auf einen steilen Ab- und anschließenden Wiederanstieg gemütlich zu gehende Tour. Die Runde kann mit der Wanderung »hochgehnießen« kombiniert werden, ebenfalls mit der Tour »hochgehfestigt«, dann allerdings mit zweimaligem Anstieg.

Tourenverlauf: Erkenbrechtsweiler/Parkplatz Bassgeige – Beurener Fels – Beurenberg Nordost – Brucker Fels – Zangentor G – Parkplatz

Ausgangspunkt: Erkenbrechtsweiler, Parkplatz Bassgeige, 716 m, GPS-Koordinaten 48.562467, 9.433552

Höchster Punkt: Nach Schild Hörnlesgehau Ost (731 m)

Einkehr: Erkenbrechtsweiler

Karte: Wanderkarte W238 Metzingen, 1:25 000, Landesamt für Geoinformation und Landentwicklung Baden-Württemberg (LGL) in Zusammenarbeit mit dem Schwäbischen Albverein e. V.

Informationen: www.erkenbrechtsweiler.de

Diese kurze Wanderung bringt uns zu herrlichen Aussichtsfelsen. Vom Beurener Fels sehen wir nach Beuren, zum Hohenneuffen, zum Freilichtmuseum und ins Albvorland, vom Brucker Fels ebenfalls ins Albvorland, zur Teck und ins Lenninger Tal. Darüber hinaus sind die Stationen des Heidengrabens interessant.

Zum Aussichtsfels Vom Parkplatz aus folgen wir dem Anfahrtsweg. Er zieht nach links und durchquert den noch gut zu erkennenden Heidengraben. Danach kommen wir zum Wanderschild oberhalb Parkplatz Bassgeige (721 m). Hier nehmen wir an der **Verzweigung** 1 den linken, geradeaus weiterführenden Weg. Rechts ginge es zum Waldrand mit dem Grillplatz am Burgwald. Wer diese Variante nimmt, geht dann am **Waldrand** 2 nach links und stößt wieder auf den unteren Weg.

Wenn man geradeaus weiterwandert, kommt man am Schild südöstlich Hörnlesgehau (722 m) vorbei, danach erreichen wir das Schild **Hörnlesgehau Süd** (722 m) 3. Hier biegen wir rechts ab in den unbefestigten Hörnleshauweg. Auf ihm gehen wir bis zum Trauf, wo der Weg am Schild Hörnlesgehau Ost (724 m) nach links zieht

Am Schild Schlupffels Ost (719 m) treffen wir wieder auf den festen Weg, dem wir nach rechts folgen. Es geht hinab in einen Sattel, dann wieder hinauf. Vorbei am Schild Schlupffels West (710 m) und dem links liegenden Felsen kommen wir zur **Beurener Fels-Hütte** (721 m) 4, danach zum Schild Beurener Fels (715 m).

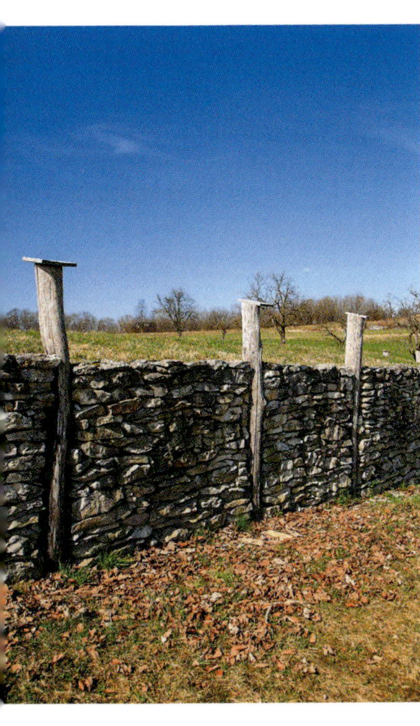

Anfahrt

Auto: A8 bis Ausfahrt Kirchheim/Teck Ost, dann auf der B465 durch das Lenninger Tal bis Owen, dort rechts ab in Richtung Beuren. Am Freilichtmuseum links hinauf nach Erkenbrechtsweiler. Der Parkplatz liegt nach der Steigung links der Straße; ÖPNV: S-Bahn oder Regionalbahn bis Kirchheim/Teck, dann Regionalbahn bis Unterlenningen, weiter mit dem Bus (www.vvs.de).

Hinweis

In der Nähe gibt es weitere Stationen des Heidengrabens zum Ansehen; man muss sie aber mit dem Auto anfahren. In den kommenden Jahren sollen diese Sehenswürdigkeiten ausgebaut und erschlossen werden.

Rekonstruierte Pfostenschlitzmauer der ehemaligen Verteidigungsanlage

Hier wandern wir später nach rechts. Zuerst gehen wir aber noch kurz geradeaus weiter zum Beurener Fels. Von dort bietet sich nämlich ein herrlicher Blick auf Beuren, zur Ruine Hohneneuffen, das Albvorland und das Freilichtmuseum.

Zuerst ab-, danach wieder aufwärts kommen wir zum Brucker Fels. Danach gehen wir kurz zurück und halten uns am Schild links. In Serpentinen und teilweise steil hinab nähern wir uns einem querenden Weg. Hier biegen wir am Schild **Beurenberg Nordost** (557 m) 5 rechts ab. Jetzt flanieren wir eine ganze Weile gemütlich und eben auf einem breiten Waldweg. Am Schild unterhalb Kommunberg

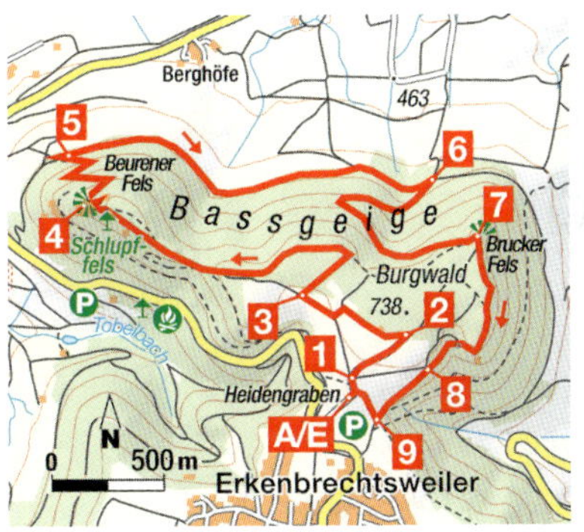

Heidengraben

Der vor allem in der Latène-Zeit ausgebaute sogenannte Heidengraben – der Name findet sich auch im nahen Grabenstetten wieder – ist eines der eindrucksvollsten Geländedenkmale der Alb. Die 1,3 Kilometer lange Wallanlage aus dem ersten Jahrhundert n. Chr. sicherte und schützte die 1600 Hektar große keltische Ansiedlung »Elsachstadt«, ein sogenanntes Oppidum auf der Erkenbrechtsweiler Halbinsel. Sie war die größte bekannte Anlage dieser Zeit. Allerdings fand man von ihr keine direkten Spuren. Lediglich Einzelfunde liegen vor, so z. B. Münzschrötlinge. Die Prägung von Münzen spricht für die hochstehende Kultur. Die Kelten selbst waren kein Volk mit einem festen Stammesgebiet, und so ging während der Römerzeit ihre Kultur in der Besatzungsmacht auf. Lediglich einige Namen haben sich erhalten – so beispielsweise auch der Name Neuffen.

(534 m) wandern wir noch geradeaus weiter, kurz danach zweigen wir aber am Schild **südöstlich Ameisenwinkel** (539 m) **6** rechts ab. Nun steigt es wieder an. Oben auf der Albhochfläche halten wir uns an dem querenden Pfad links und erreichen gleich darauf den **Brucker Fels** **7**. Er bietet einen Blick auf die Ruine Teck, hinab ins Lenninger Tal und hinaus ins Albvorland.

Durch den Wald zum Zangentor Anschließend biegen wir rechts ab. Von nun an begleitet uns außer dem Zeichen der »hochgehberge« noch das Wanderzeichen rotes Dreieck. Gleich darauf sehen wir zwei Wälle,

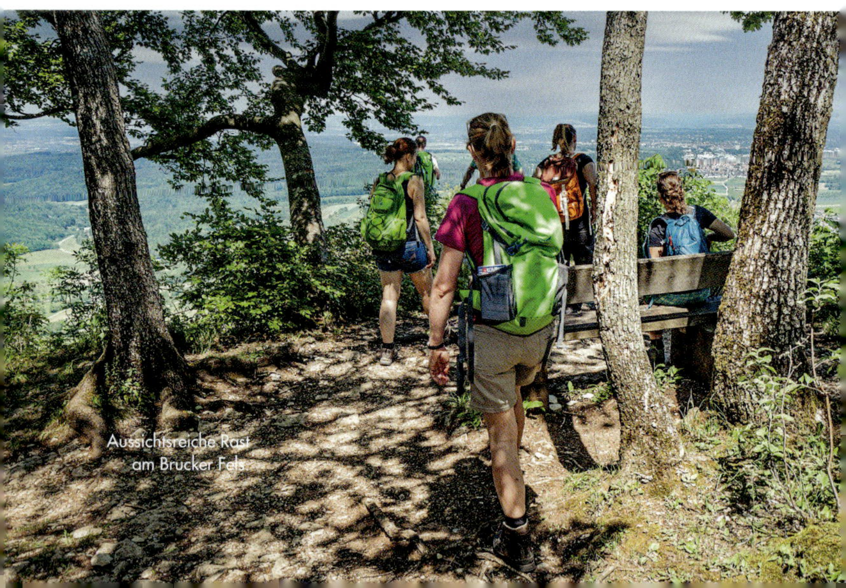
Aussichtsreiche Rast am Brucker Fels

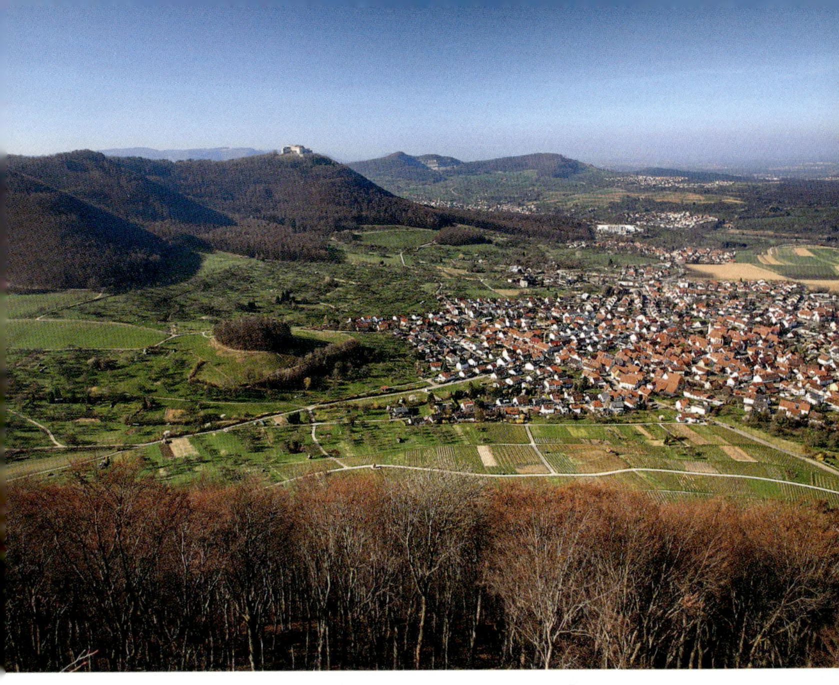

Blick vom Beurener Fels ins Albvorland, nach Beuren und zur Ruine Hohenneuffen.

Reste früherer Gebäude. Sie werden auf einer Tafel erklärt. Wir folgen immer dem Pfad, der am Trauf entlangführt. Ab und zu haben wir nach links einen Blick hinab ins Lenninger Tal und zur Teck, am schönsten vom Friedrichsfels. Mit leichtem Auf und Ab folgen wir dem Pfad weiter durch den Wald und vorbei am Halsenbrünnele. Beim Schild **nördlich Weiler Steig** (721 m) 8 stoßen wir auf den breiten Halsenhauweg. Wir halten uns links, gehen aber gleich darauf am Schild nördlich Weilersteig (719 m), wo der breite Weg nach rechts zieht, am Waldrand entlang geradeaus weiter, nun leicht bergab.

Rechts sehen wir kurz darauf den Heidengraben. Unten treffen wir auf das Schild Heidengraben Nord (696 m). Hier biegen wir rechts ab und steigen auf dem breiten Weg nach rechts an zum Ausgangspunkt. Vorher gehen wir aber noch kurz geradeaus weiter zum rekonstruierten **Zangentor G** 9.

5 hochgehfestigt

Über die größte Burgruine zu den Weinbergen

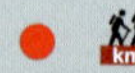 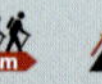  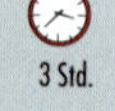

Mittel 9,5 km 350 Hm 3 Std.

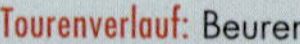

Tourenverlauf: Beuren – Hohenneuffen – Panoramaweg – Tobelsee – Weinberge – Hohbölle – Beuren

Ausgangspunkt: Beuren (Am Thermalbad), 445 m, GPS-Koordinaten: 48.566613, 9.396751

Anfahrt: Auto: A8 bis Ausfahrt Kirchheim/Teck, dann auf der B465 ins Lenninger Tal bis Owen, dort rechts abbiegen in Richtung Beuren; ÖPNV: Regionalbahn bis Neuffen, weiter mit dem Bus; S-Bahn und Regionalbahn bis Owen, dann Bus (www.vvs.de)

Höchster Punkt: Ruine Hohenneuffen, 702 m

Einkehr: Beuren, Hohenneuffen

Karten: Wanderkarte Kirchheim unter Teck, 1:25 000, Hrsg. Schwäbischer Albverein e. V., Kartographie: Landesamt für Geoinformation und Landentwicklung Baden-Württemberg (LGL); Wanderkarte mit Radwegen Reutlingen Bad Urach Blatt 52-538, 1:25 000, NaturNavi

Informationen: www.beuren.de

Mit der Ruine Hohenneuffen, der größten Burgruine der Schwäbischen Alb, hat man bei dieser Wanderung natürlich ein hervorragendes Ziel vor Augen. Wir wandern viel durch Streuobstwiesen, teilweise auch durch Weinberge, und können einen herrlichen Panoramaweg genießen.

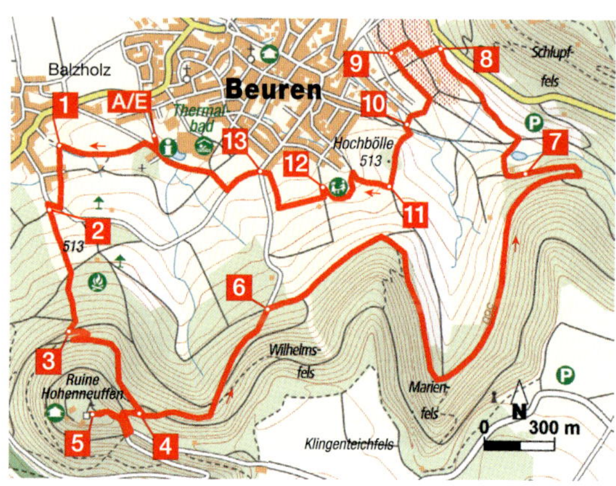

Aus dem Ort zur Ruine hinauf Man folgt am **Parkplatz** der Straße Am Thermalbad bis zu einem querenden Weg, in den man rechts einbiegt, sich aber gleich danach links hält. Zuerst wandern wir entlang des **Friedhofs**, dann an einem Spiel- und Bolzplatz vorbei. Danach geht es auf einem Grasweg weiter. Nach links haben wir über die Streuobstwiesen einen schönen Blick zum Hohenneuffen.

Bald führt der Weg links des kleinen Bächleins weiter; mit den Kopfweiden und dem Schilf ist dies eine recht idyllische Szenerie. Vor einem **Haus** ❶ biegen wir in Richtung »Hohenneuffen« links ab und wandern durch die Streuobstwiesen zu den Häusern. Dort gehen wir geradeaus zwischen den Gebäuden hindurch und spazieren weiter durch die Baumwiesen bis zu einem Asphaltweg, hinter dem sich ein **Biotop** ❷ befindet. Wir zweigen erst rechts ab und biegen dann hinter dem Biotop und an der Tafel mit der Landkarte und der Bezeichnung Schlossgasse (435 m) scharf links ab. Nun steigt der Weg geradeaus wieder an bis zum Waldrand. Dort gehen wir mit dem Wanderzeichen blaues Dreieck geradeaus in den Wald hinein. Wo der Weg nach links zieht, steigen wir mit dem Zeichen geradeaus steil empor, nun auf einem **Naturpfad** ❸. Wir queren einen breiten Forstweg und erreichen danach nach einer Rechtskurve einen Querweg. Diesem folgen wir, ab jetzt nur noch mäßig ansteigend, nach links.

Blick über die Mauern der Ruine Hohenneuffen nach Beuren und ins Albvorland

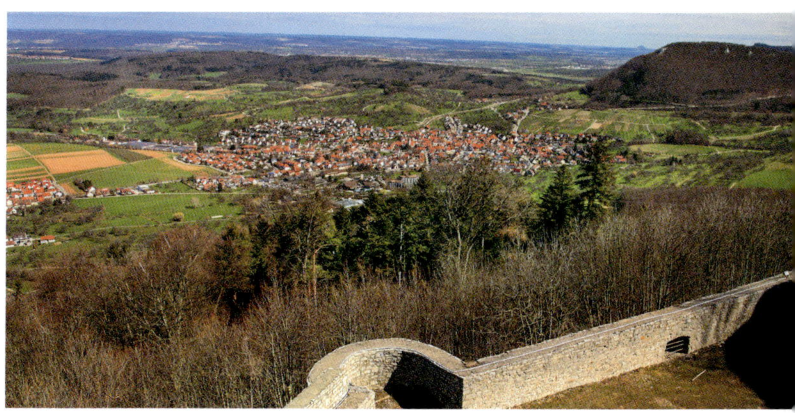

Tourencharakter

Wir wandern auf festen Wegen und Pfaden. Die Runde kann mit den Touren »hochgehnießen« und »hochgehsiedelt« kombiniert werden, ebenso mit »hochgehlegen« oder »hochgehkeltert«, dann allerdings mit zweimaligem Anstieg.

Der Weg beschreibt eine sanfte Rechtskurve, dann treffen wir auf einen breiten Forstweg. Hier gehen wir noch geradeaus weiter, doch kurz danach knickt der markierte Wanderweg mit dem Schild **Hohenneuffen** 4 rechts ab, die Mauern sieht man bereits von hier aus. Wer am Hohenneuffen-Parkplatz mit der Tour begonnen hat, trifft von oben kommend ebenfalls hier ein.

Nun müssen wir uns entscheiden. Wer nicht zum Hohenneuffen will, biegt hier links ab. Zum **Hohenneuffen** 5 hält man sich rechts, dann knickt der Weg links ab zum Sattel, bevor er nach rechts steil hinauf in die Ruine führt. Zurück gehen wir denselben Weg bis zu der Kreuzung. Nun geht es mit dem blauen Dreieck in Richtung »Beuren« steil bergab. Wir überqueren den Weg, von dem wir vorhin abgezweigt sind, und treffen etwas später auf einen Forstweg, den wir mit dem Zeichen ebenfalls überqueren. Es geht weiter abwärts bis zu einer **Kreuzung** 6, hinter der wir schon den Waldrand sehen. Hier biegen wir, ab jetzt ohne Wanderzeichen, rechts ab.

Alternativer Startpunkt

Es gibt zwei Ausweichparkplätze. Wenn man die Tour am Parkplatz direkt unterhalb des Hohenneuffen startet, spaziert man erst in Richtung Ruine. Im Sattel vor den Mauern folgt man dem Wanderzeichen der »hochgehberge« beziehungsweise dem blauen Dreieck nach rechts abwärts in Richtung »Beuren«. Kurz darauf biegt man scharf rechts ab und erreicht gleich danach die Kreuzung, zu der die anderen Wanderer kommen. Jetzt wandert man wie oben beschrieben mit dem blauen Dreieck in Richtung »Beuren« weiter bergab. Wenn man am Freilichtmuseum Beuren startet, geht man vom Parkplatz aus kurz nach links, dann biegt man rechts ab in die nach Erkenbrechtsweiler führende K1262. Man wandert auf dem Gehweg, bis rechts die Alte Steige abgeht, hält sich aber hinter dieser Straße auf dem rechten der beiden weiterführenden Wege in Richtung »Tobelsee«. In der Lücke zwischen den Weinbergen biegt man rechts ab. Nun ist man auf dem beschriebenen Wanderweg.

Durch den Wald zum Tobelsee Gleich darauf erreichen wir das Waldende, wo wir dem Weg nach rechts folgen. Nun wandern wir eine ganze Weile auf einem wunderschönen Panoramaweg (Philosophenweg) am Waldrand entlang, später auch durch den Wald hindurch. Wir passieren einige Bänke, von denen man wunderbar die Aussicht nach Beuren genießen kann, sowie die Tafeln eines Lehrpfads. Zur Rast bietet sich auch die **Albert-Ege-Hütte** an.

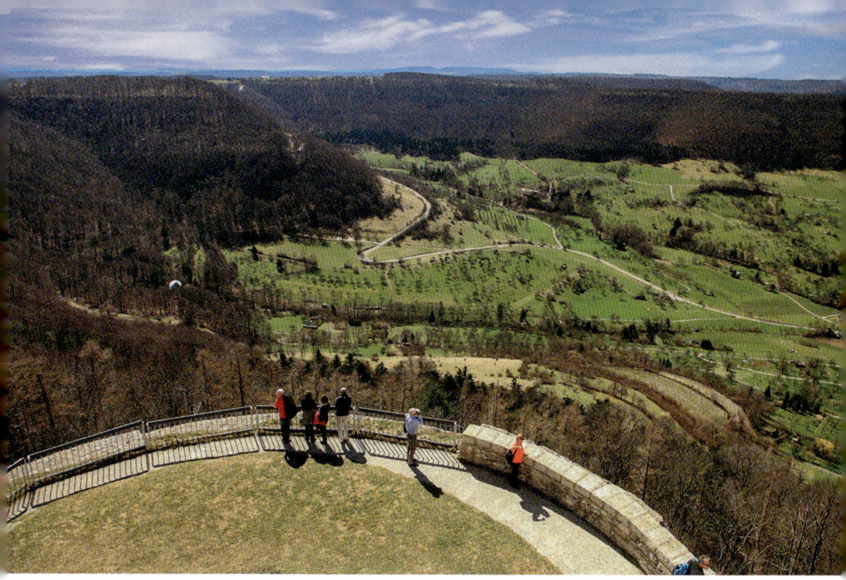

Von der Bastion der Ruine Hohenneuffen hat man einen schönen Blick auf den Albtrauf.

Nach einem Waldstück marschieren wir auf die kleine **Seehütte** 7 zu. Rechts unterhalb von ihr liegt der als Naturdenkmal geschützte **Tobelsee**. Wir gehen zu diesem hinab und links an ihm vorbei bis zu einem Asphaltweg, dem wir nach rechts bis zu einem querenden Weg folgen. Auf diesem wandern wir nach links in Richtung »Museum«.

An dieser Bezeichnung orientieren wir uns nun eine Weile. Schließlich liegt links des Wegs ein **Weinberg** 8, an dessen Ende wir links abbiegen und einen Querweg erreichen. Auf diesem gehen wir kurz nach rechts, bie-

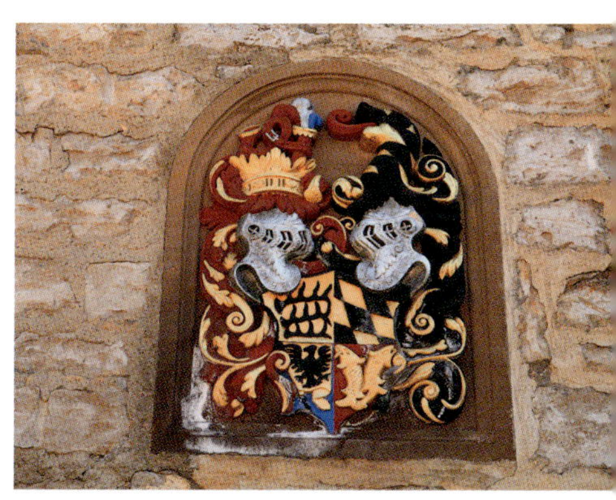

In der Ruine Hohenneuffen sieht man ein prächtig gestaltetes Wappen der Württemberger.

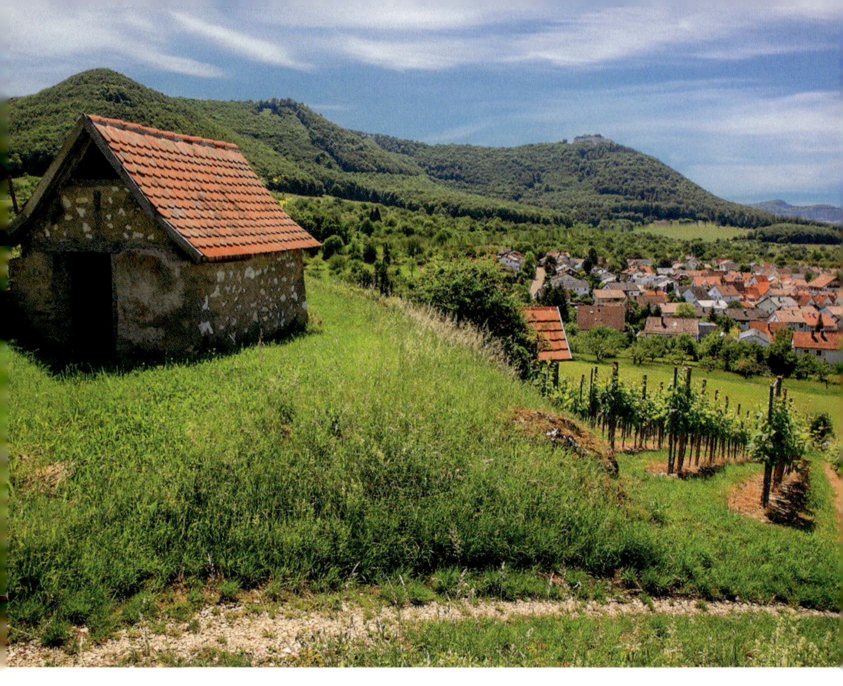

Über die Weinberge sieht man schön nach Beuren und zum Hohenneuffen.

gen dann aber links ab und spazieren auf die bereits sichtbaren zwei **Weinberghütten** zu. Nach der ersten, einem alten **Unterstand** 9, biegen wir links ab und folgen dem Grasweg bis zu einem asphaltierten Weg. Hier halten wir uns kurz rechts, dann biegen wir wieder links ab.

Endspurt zum Thermalbad Nach ein paar Minuten wenden wir uns an einem Asphaltweg nach rechts und gehen abwärts. Nachdem wir einen **Bach** überquert haben, nehmen wir an der **Kreuzung** 10 den zweiten Weg von links. Es folgt ein kurzer Anstieg, dann werden wir nach rechts in Richtung »Hohbölle« verwiesen. Es geht kurz bergauf, dann zweigt der Weg links und gleich danach nach rechts ab. Wir wandern nun links des »Gipfels« des **Hohbölle** und treffen etwas später auf einen Schotterweg. Ihm folgen wir nach rechts abwärts in Richtung »**Beuren**« 11. Nun marschieren wir wieder durch Streuobstwiesen. Vor einer Rechtskurve biegen wir links ab auf einen Grasweg. Er zieht gleich nach rechts und bringt uns zu einem **Asphaltweg** 12. Etwas nach links versetzt geht es auf dem Grasweg weiter. Kurz vor dem nächsten Asphaltweg quert abermals ein Grasweg. Diesem folgen wir nach rechts, bis an einer **Kreuzung** 13 beide Wege zusammentreffen. Hier biegen wir links ab Richtung »Thermalbad«.

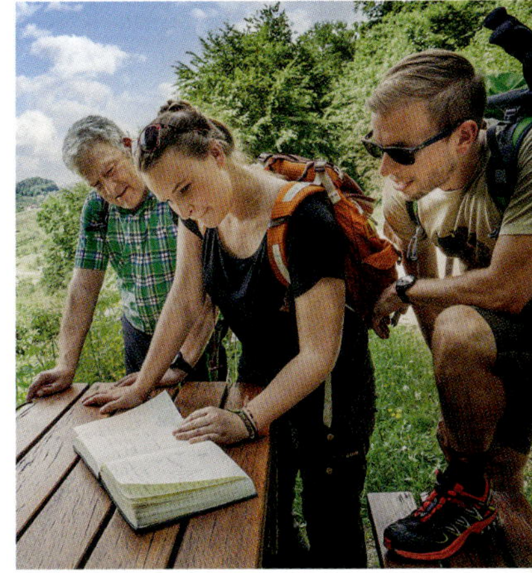

Unterhaltsame Rast unterwegs

Etwas später folgen wir dem rechts abgehenden Weg. Am nächsten querenden Weg biegen wir links ab. Nun wandern wir entlang dem Gelände des **Thermalbads** bis zur Straße Am Thermalbad, wo wir die Tour begonnen haben. Jetzt bietet sich natürlich ein Besuch des Thermalbads an.

Thermalbad Beuren

Bereits 1526 wurde eine öffentliche Badestube unterhalb des Rathauses von Beuren erwähnt. Wegen des Badebetriebs kam es später zu Streitigkeiten mit Owen und Erkenbrechtsweiler, die wegen des hohen Holzeinschlags beunruhigt waren. Die damalige Quelle versiegte in den 1920er-Jahren, doch 1970 wurde nach Thermalwasser gebohrt und danach ein Thermalwasserbecken errichtet. Bis 1976 hatte Beuren bereits etwa eine Million Besucher zu verzeichnen. Im Jahr 1978 weihte man das neue Thermalbad ein, das aus zwei Mineralquellen mit Thermal-Mineral-Säuerlingen gespeist wird: Es handelt sich dabei um die Wilhelmsquelle, aus der etwa 30 000 Jahre altes Wasser strömt, und um die Friedrichsquelle, deren Wasser etwa 40 000 Jahre alt ist. Als Thermalquellen dürfen sie sich bezeichnen, weil die Temperatur über 20 Grad Celcius liegt. Die Klassifizierung als Mineralquellen verdienen sie, weil das Wasser über 1000 mg gelöste Mineralstoffe pro Liter enthält, und Säuerlinge nennt man sie, weil die Quellen pro Liter mehr als 1000 mg gelöste gasförmige Stoffe aufweisen. Das Wasser hilft bei rheumatischen Erkrankungen, Abnutzungserscheinungen, peripheren Durchblutungsstörungen, Ischias und anderen Nerv-Muskel-Leiden.

6 hochgehkeltert

Durch Wiesen und Weinberge zur Burgruine

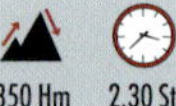

Mittel 7,2 km 350 Hm 2.30 Std.

Tourenverlauf: Erkenbrechtsweiler/Parkplatz Hohenneuffen – Molachsee – Alte Steige – Neuffener Heide – Schelmenwasen – Hohenneuffen – Parkplatz

Ausgangspunkt: Erkenbrechtsweiler, Parkplatz Hohenneuffen, 720 m, GPS-Koordinaten: 48.553554, 9.403159; andere Ausgangspunkte: Parkplatz Schelmenwasen beim Neuffener Freibad (0,2 km), Bahnhof (1,1 km), Parkplatz Sieben Linden (0,1 km) an der L1250 südlich von Neuffen.

Höchster Punkt: Drachenfliegerstartplatz, 728 m

Einkehr: Ruine Hohenneuffen

Karten: Wanderkarte Kirchheim unter Teck, 1:25 000, Hrsg. Schwäbischer Albverein e. V., Kartographie: Landesamt für Geoinformation und Landentwicklung Baden-Württemberg (LGL); Wanderkarte mit Radwegen, 52-538, Reutlingen Bad Urach, 1:25 000, NaturNavi

Informationen: www.erkenbrechtsweiler.de, www.neuffen.de

Außer der Ruine Hohenneuffen sind der kleine See Molach, der auf Vulkantuff liegt, die Höllenlöcher und die Weinberge interessante Punkte. Zudem begeistert die Tour durch prächtige Aussichtspunkte.

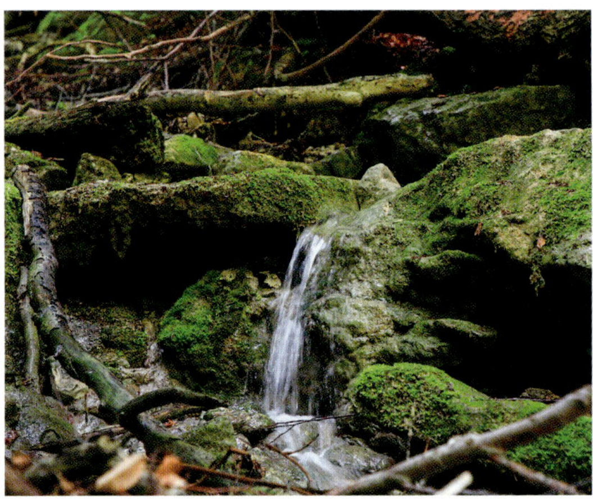

Über die Schanze zum Molachsee Wir gehen vom Parkplatz unterhalb der Ruine Hohenneuffen am Trauf entlang nach Süden. Rechts des Weges liegt das Naturdenkmal Parkplatzfelsen. Am Ende des Parkplatzes geht es am Wanderschild Parkplatz Neuffen Süd (712 m) vorbei in die Kernzone Bauernlochberg des Biosphärengebiets Schwäbische Alb.

Wir folgen dem Wanderzeichen rotes Dreieck auf einem Pfad und erreichen nach einem kurzen Wegstück durch den Wald das Schild Bei der Schanze (732 m). Hier befinden sich links in der Wiese eine Schutzhütte, eine Grillstelle, Tische und Bänke. Außerdem finden wir hier eine Informationstafel zu der ehemaligen **Schanze** 1.

Danach kommen wir zu einem Gleitschirmfliegerstartplatz, der einen schönen Blick auf die Ruine, Neuffen und den gegenüberliegenden Höhenzug mit dem Hörnle und seiner nie mehr verheilenden Wunde, dem ehemaligen Steinbruch, bietet. Kurz danach liegt links mit dem **Biotop Molach** 2 eine der geologischen Besonderheiten der Schwäbischen Alb.

Tourencharakter

Wir wandern auf festen Wegen und Pfaden. Diese können bei Schnee, Eis und Nässe rutschig sein und verlaufen teilweise entlang des Steilhangs, sodass man auch schwindelfrei sein sollte. Die Wanderung kann mit der Tour »hochgehsiedelt« kombiniert werden, ebenso mit der Tour »hochgehfestigt«, dann ergeben sich aber zwei große Anstiege.

Linke Seite: Kleiner Wasserfall an der Wanderstrecke; links: Bienen auf Flockenblume; rechts: Abstecher zum Molachsee

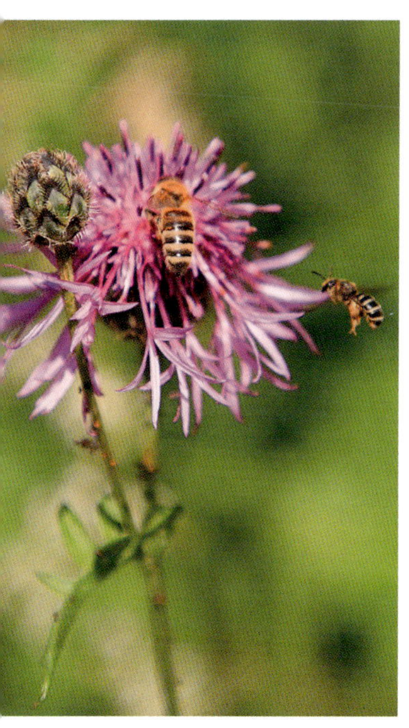

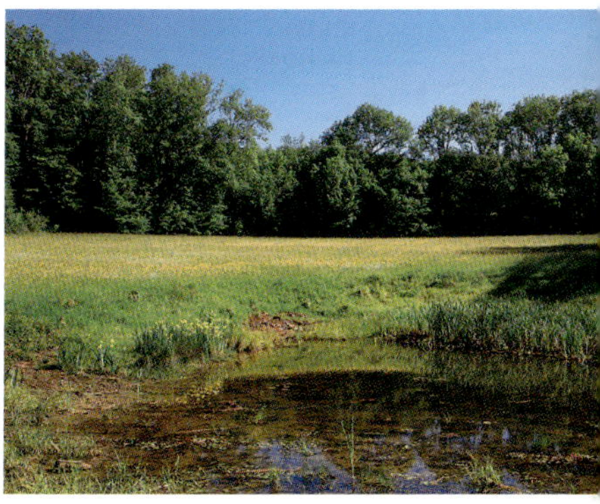

Anfahrt

Auto: A8 bis Kirchheim/Teck, B465 bis Owen, dann rechts abbiegen Richtung Beuren. Am Freilichtmuseum links ab und hinauf nach Erkenbrechtsweiler. Dort nach rechts zum Parkplatz Hohenneuffen; ÖPNV: Bahn bis Neuffen (zusätzlich 1,1 km einfach, (www.vvs.de)

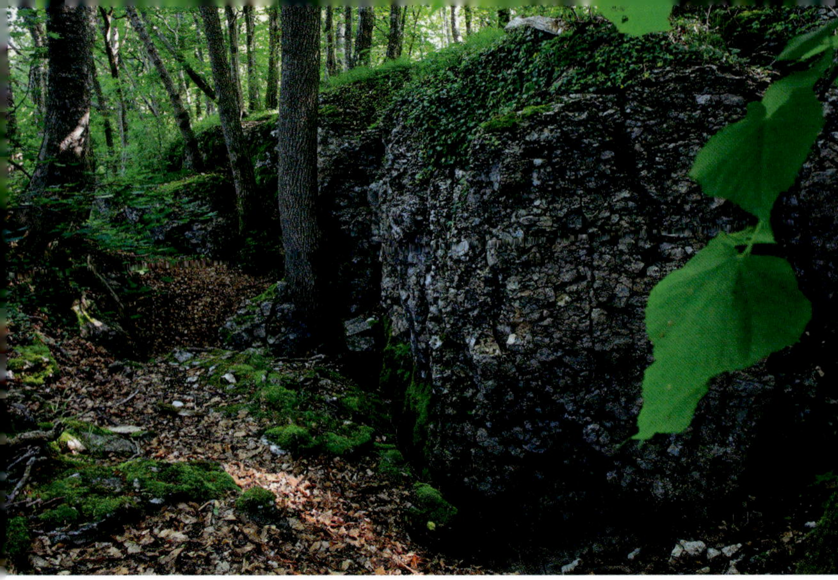

Die Höllenlöcher sind markante Felsformationen mit tiefen Einschnitten dazwischen.

Von den Höllenlöchern zur Heide Kurz danach kommen wir an **Höllenlöchern** 3 vorbei – sie haben die gleiche Entstehungsgeschichte wie die Höllenlöcher im Ermstal bei Bad Urach oder Dettingen. Es handelt sich dabei um Abrisskanten des Albtraufs (siehe Tour 8). Kurz danach erreichen wir das Schild Beim Molach-See (705 m). Hier biegen wir rechts ab in Richtung Parkplatz Sieben Linden. Nun geht es entlang des Steilhangs auf einem schmalen Pfad steil bergab. Wir erreichen einen breiten Weg, dem wir nach links folgen. Kurz danach zweigen wir mit dem Zeichen blaues Dreieck rechts ab, nun führt uns wieder ein Pfad abwärts. Wir kommen in der Nähe einer Kurve der Straße 4 vorbei. Etwas später führt der Weg kurz über eine Freifläche mit schönem Blick nach links. Hier und danach im

Schanze

Diese auf einer Geländekuppe liegende Schanze besaß eine Seitenlänge von 62 Metern. Als die Gegend früher unbewaldet war, hatte man sicher einen guten Ausblick von hier. Im 18. Jahrhundert hielt man die Lage für geeignet, um den Zufahrtsweg zur Burg Hohenneuffen zu überwachen, und baute sie zu einer Redoute (= franz. für Schanze) aus. Die frühere Meinung, es handele sich um eine Schanze aus der Keltenzeit, konnte nicht durch Funde belegt werden.

Wald begleiten markante Baumgestalten den Weg, der bis 1852 als Alte Steige den Aufstieg zur Albhochfläche bildete.
Am Schild **Alte Steige** (516 m) 5 ginge es nach links hinab zum Parkplatz Sieben Linden. Hier aber biegen wir rechts ab in Richtung Neuffener Heide. Kurz vor dem Dürrenbach zweigen wir links ab, dann geht es etwas weiter unten über einen schmalen Pfad über den **Dürrenbach** 6 (Nähe Waldstück ev. Kirchengemeinde). Auf großen Steinen überqueren wir den Bach, danach halten wir uns links, um dann kurz darauf wieder rechts abzubiegen. Wir folgen nun einem schmalen Pfad, bis wir wieder auf den breiteren Weg stoßen. Auf ihn biegen wir links ein. Danach geht es in Richtung Neuffener Heide. Bevor wir auf die Freifläche kommen, führt uns ein Weg rechts in den Wald hoch, durch die Kernzone Bauerlochberg. Diesem Pfad folgen wir, bis wir auf die alte Schlosssteige treffen. Die **Neuffener Heide** 7 liegt links unterhalb des Weges.

Molach

Hier befand sich einst ein Vulkan und auf seinem Schlot aus wasserundurchlässigem Material entstand der Molach (oder Molachsee/Molachmaar). Der kleine moorige See (Maar) gehört zu den zahlreichen trichterförmigen Mulden auf der Albhochfläche, die vor 15 Millionen Jahren im Tertiär entstanden. Der Trichter war einst noch größer, wurde aber durch Erosion am Trauf eingeschnitten. Die Mulde füllt sich bei Regen mit Wasser, und da sie aus Vulkantuff besteht, bleibt das Wasser stehen – im Gegensatz zum sonstigen Kalkgestein der Alb. Außer Schilf wachsen in ihm Seerosen. Wasserstellen mit ähnlicher Entstehungsgeschichte führten zur Gründung von Dörfern auf der Schwäbischen Alb, Beispiele sind Zainingen, Hengen oder Donnstetten, wo sich die Ansiedlung um die Hüle – das Wasserloch – bildete.

Hinauf zur Ruine Hohenneuffen In der Schlosssteige geht es nach links kurz hinab bis vor einen Weinberg. Dort halten wir uns rechts und wandern oberhalb der Weinberge. Wir

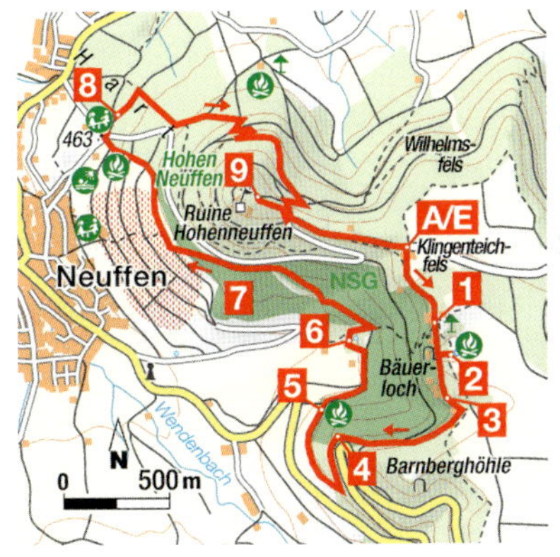

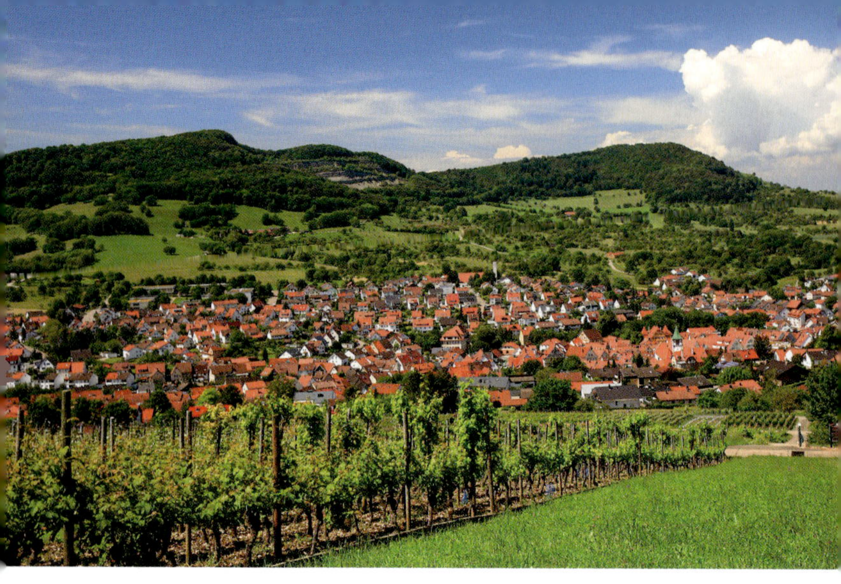

Blick auf Neuffen und den ehemaligen Steinbruch am Hörnle

passieren das Schild Oberster Weinberg (508 m) und kommen mit prächtiger Sicht über die Weinberge hinab nach Neuffen zum querenden Spätburgunderweg. Hier folgen wir links des Waldrandes dem blauen Dreieck steil hinab bis zum Schild Schelmenwasen (476 m). Etwas tiefer liegt der **Waldparkplatz**

Neuffener Heide

Die Neuffener Heide ist ein besonders interessantes Naturschutzgebiet. Sie hat bereits viele Nutzungsarten erlebt, so diente sie schon als Wiese, als Ackerland und zum Weinbau. Reste von Terrassen erinnern an einstige Nutzungen. Vor allem die mit Wacholder bewachsene Heide verdankt ihr Bild der Beweidung mit Schafen; hier findet man die bekannten Pflanzen Silberdistel, Frühlingsenzian und Küchenschelle. Zudem wachsen hier viele Orchideen, wie beispielsweise Brandknabenkraut, Hummel-Ragwurz und Pyramidenorchis. Insgesamt wurden schon über 260 Pflanzenarten gefunden, darunter viele gefährdete. Durch die geschützte Lage am Hang des Hohenneuffens, eingebettet in Streuobstwiesen und Weinberge, fühlen sich auch viele Wärme liebende Insekten hier wohl. An Schmetterlingsarten seien der Hauhechelbläuling, der Silbergrüne Bläuling, das Thymian-Widderchen und das Schachbrett erwähnt. Weitere Insektenarten sind die verschiedenen Heuschrecken wie Heidegrashüpfer, die Rotflügelige Schnarrschrecke und die Westliche Beißschrecke.

Schelmenwasen (465 m) 8. Dort nehmen wir den zweiten Weg von rechts, der uns in den Wald führt. Nach einem links liegenden Spielplatz gehen wir an einer Verzweigung auf dem rechten Weg weiter. Danach quert ein mit dem blauen Dreieck markierter Pfad. Ihm folgen wir nach rechts hinauf zu einem Asphaltsträßchen. Wir gehen kurz nach links, zweigen aber gleich wieder rechts ab auf einen breiten Naturweg. An der nächsten Gabelung geht es rechts hinauf. Nach einem Rechts-links-Knick überqueren wir einen Forstweg und folgen dem Zeichen weiter auf einem Pfad. Nach einer Rechtskurve gehen wir an einem querenden Weg nach links.

Nach weiterem Bergauf queren wir wieder einen Forstweg. An der Kreuzung kurz danach biegen wir rechts ab auf den steiler ansteigenden Weg. Mit wei-

Rast auf der Beurener Heide

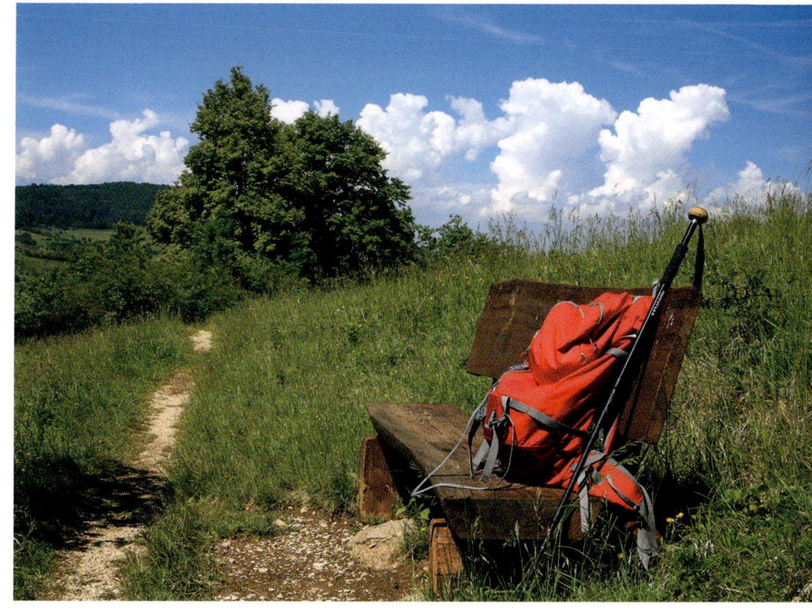

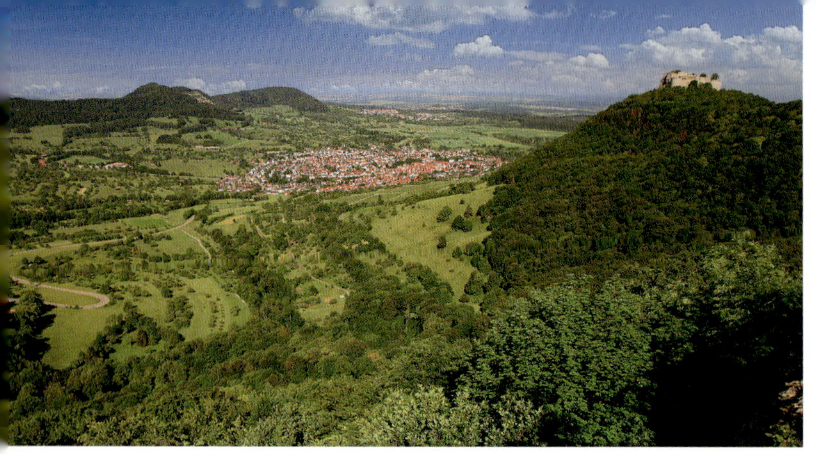

Blick zur Ruine Hohenneuffen, nach Neuffen und ins Albvorland

teren Knicken bringt er uns hinauf zur Zufahrtsstraße zur Ruine Hohenneuffen. Nach rechts kommen wir hinauf zur **Burgruine Hohenneuffen** 9, nach links zurück zum Parkplatz.

Wer noch nicht genug Aussicht genossen hat, kann nun am Waldrand nach links zum Wilhelmsfels gehen, von dem aus man noch ein letztes Mal einen herrlichen Blick zur Ruine Hohenneuffen und ins Albvorland hat.

Ruine Hohenneuffen

Die Ruine Hohenneuffen liegt auf einem Bergsporn, der mit dem Albmassiv nur durch einen schmalen Sattel verbunden ist. Bereits die Kelten besiedelten den weit ins Albland vorspringenden Berg. Seit dem 11. Jahrhundert war er Sitz der 1198 erstmals genannten Edelfreien von Neuffen, von denen auch der Minnesänger Gottfried von Neuffen (ca. 1212 bis ca. 1270) abstammte. Von 1301 bis 1801 war sie eine der stärksten württembergischen Festungen. Ab 1543 wurde die Burg von dem grausamen und streitsüchtigen Herzog Ulrich zu einer sogenannten Landesfestung ausgebaut. Von der heutigen Ruine stammen nur die Ringmauern aus dem Mittelalter, die das Erscheinungsbild bestimmenden runden Geschütztürme aber aus dem 16. Jahrhundert. Das Ende kam 1801/1802, als die Burg auf Befehl der Franzosen geschleift wurde. Vom 15. bis zum 18. Jahrhundert diente sie auch als Staatsgefängnis. Das letzte wichtige »Großereignis« war die Dreiländerkonferenz 1948, in welcher die Ministerpräsidenten der drei Nachkriegsländer über den Zusammenschluss zu einem einheitlichen Südweststaat die Weichen stellten.

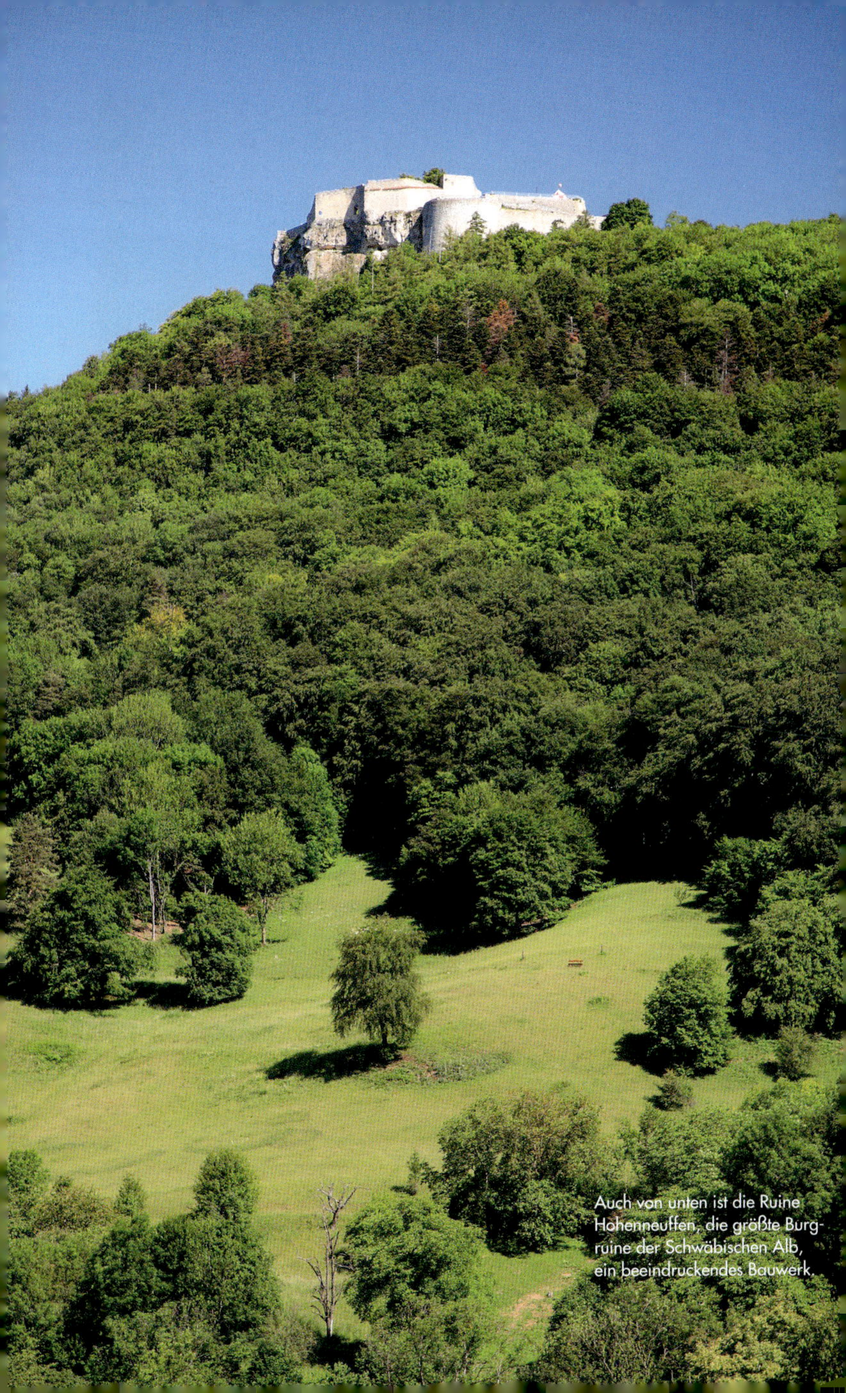

Auch von unten ist die Ruine Hohenneuffen, die größte Burgruine der Schwäbischen Alb, ein beeindruckendes Bauwerk.

7 hochgehsiedelt

Kelten, Aussicht und eine Burgruine

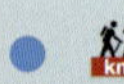

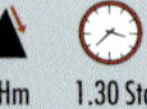
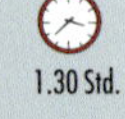

Leicht 4,7 km 70 Hm 1.30 Std.

Tourencharakter: Wir wandern fast eben auf Pfaden und festen Wegen. Die Wanderung kann mit den Touren »hochgehkeltert« oder »hochgehfestigt« kombiniert werden.

Tourenverlauf: Erkenbrechtsweiler/Burrenhof – Brille – Molachsee – Gleitseglerstartplatz – Rastplatz Schanze – Stokinger Eiche – Burrenhof

Höchster Punkt: nach dem Rastplatz Schanze, 740 m

Einkehr: Burrenhof; Ruine Hohenneuffen

Karten: Wanderkarte Kirchheim unter Teck, 1:25 000, Hrsg. Schwäbischer Albverein e. V., Kartographie: Landesamt für Geoinformation und Landentwicklung Baden-Württemberg (LGL); Wanderkarte mit Radwegen 52-538, Reutlingen Bad Urach, 1:25 000, NaturNavi

Informationen: www.erkenbrechtsweiler.de

Mit dem Heidengraben mitsamt den Grabhügeln beim Burrenhof, der historischen Schanze und der Burgruine Hohenneuffen findet der historisch interessierte Wanderer einige Besonderheiten. Geologisch sind ein Vulkanschlot und der Molachsee interessant.

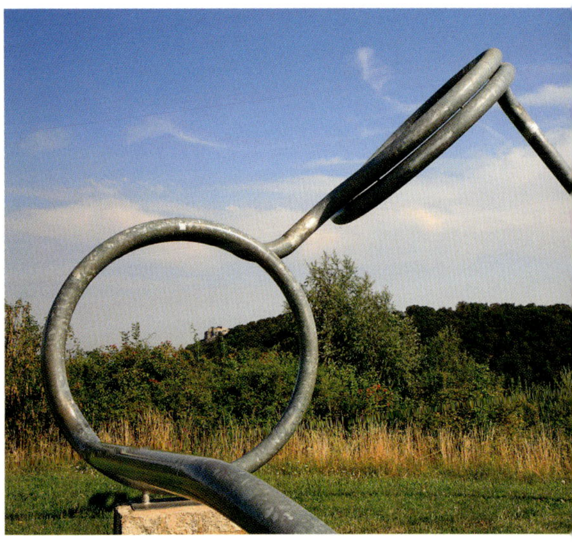

Über die Brille zum Vulkan Am Parkplatz westlich des Burrenhofes nehmen wir den asphaltierten Weg, der von der Straße in westlicher Richtung von dieser wegzieht und uns zum Waldrand bringt. Dort machen wir nach links einen kurzen Abstecher. Danach gehen wir wieder etwas zurück und betreten

Anfahrt

Auto: A8 bis Ausfahrt Kirchheim/Teck. Dann auf der B465 durchs Lenninger Tal bis Owen. Dort nach rechts in Richtung Beuren. Beim Freilichtmuseum nach links hinauf nach Erkenbrechtsweiler. Durch den Ort hindurch und weiter zum Burrenhof; ÖPNV: Bahn bis Bad Urach, Bus bis Hülben Rathaus. Zuwegung ca. 30 Min. zum Burrenhof (www.efa-bw.de).

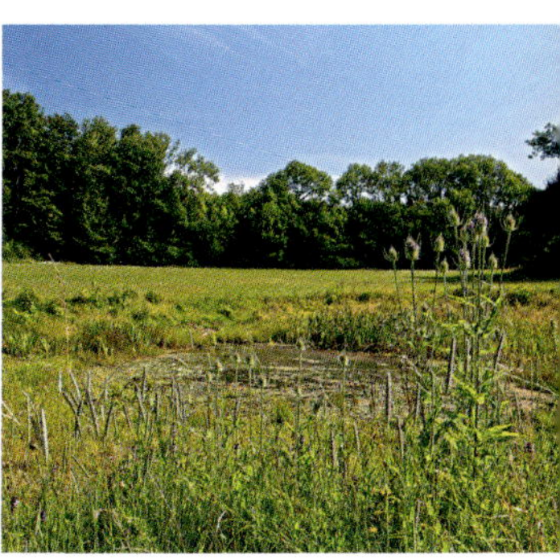

Der Molach genannte Maarsee ist eine der geologischen Besonderheiten der Schwäbischen Alb.

am Wanderschild Heidengraben (719 m) den Wald. Gleich links steht eine Informationstafel, die auf den Schlot des Schwäbischen Vulkans hinweist, den man bei einem kurzen Abstecher erreichen kann. Wenn wir weiter dem Pfad folgen, kommen wir zum **Wall des Heidengrabens** ❶, auch er wird durch eine Tafel erklärt. Nun wandern wir auf einem Pfad bis zur **Blauer Rank-Hütte** ❷; hier finden wir eine Tafel zur Barnberghöhle,

Aussichtsreich am Trauf entlang zur Ruine Nun biegen wir rechts ab und spazieren durch die Wiesen bis zu einem Gehölz. Dort zweigen wir links ab und gehen durch die Wiesen bergab. Immer der Beschilderung folgend, kommen wir zum **Molachsee** (s. Tour 6) ❸. Dort begeben wir uns nach links in den Wald, wo wir auf unseren ursprünglichen Pfad stoßen. Es geht nun nach rechts etwas hinauf, dann sind wir am **Startplatz der Gleitschirmflieger** ❹. Hier bietet sich eine prächtige Aussicht:

Blick durch die »Brille« zur Ruine Hohenneuffen.

Ausgangspunkt

Erkenbrechtsweiler, Parkplatz Burrenhof, 715 m, GPS-Koordinaten 48.537735, 9.411578; ein Ausweichparkplatz ist der Parkplatz unterhalb der Ruine Hohenneuffen. Der Zuweg zum Wanderweg beträgt 300 Meter. Danach folgt man dem Weg nach Süden zum Rastplatz Schanze. Von dort zum Hohenneuffen sind es rund 1,2 Kilometer.

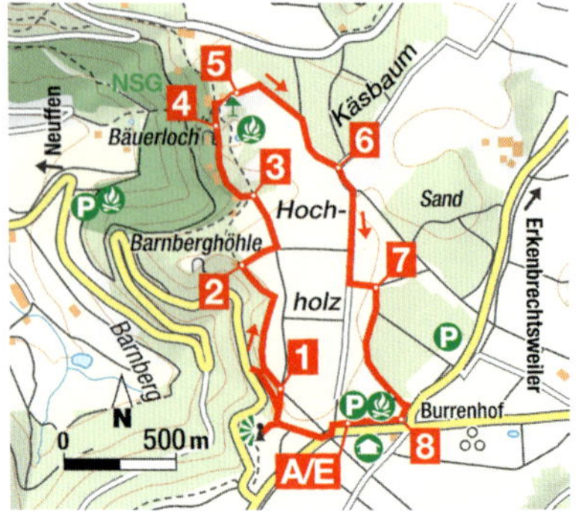

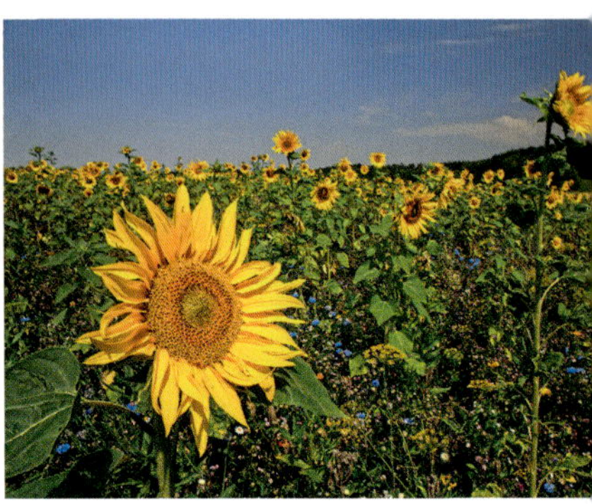

Sommerimpression in den Feldern auf der Albhochfläche

Wir sehen entlang des Albtraufs, zum Hörnle mit der Wunde des ehemaligen Steinbruchs, nach Neuffen und nach rechts zur Ruine Hohenneuffen.

Später kommen wir zu einer Wiese mit dem Schild Bei der Schanze (732 m). Hier treffen die Wanderer ein, die vom Parkplatz Hohenneuffen kommen; es bietet sich aber auch an, hier einen Abstecher zur Ruine Hohenneuffen machen. Ansonsten biegen wir rechts ab und gehen über die Wiese. Links sehen wir hinter den Bäumen eine große Lichtung: Das war die ehemalige **Schanze** (s. Tour 6) **5**. Hier finden wir einen Tisch, Bänke und eine Grillstelle.

Kunstwerk »Brille«

Das Kunstwerk »Brille« wurde von Karl Schwarz für die Gemeinde Hülben geschaffen; am Sockel sind die Namen der Sponsoren angeschrieben. Durch das linke Brillen»glas« kann man gut zur Ruine Hohenneuffen sehen.

Durch die Felder Nach einer Rast spazieren wir weiter geradeaus zum Waldrand. Dort biegen wir rechts ab. Sobald wir auf einen querenden Weg treffen, folgen wir diesem geradeaus. Wo der Wald aufhört und der Steinbruch beginnt, steht die **Stokinger-Eiche** **6**. Etwas später stoßen wir auf eine mächtige Esche. Hier biegen wir rechts ab.

Wir wandern, bis wir auf einem geschotterten Weg nach links zum **Waldrand** 7 gehen können. Vor dem Wald biegen wir rechts ab und gehen am Trauf entlang, bis wir auf die K1262 treffen. Dort halten wir uns rechts. Links der Straße steht der **Burrenhof** 8. Vor ihm sehen wir einige Grabhügel aus der Zeit des Heidengrabens. Wenn wir weiterhin parallel zur Straße gehen, kommen wir wieder zurück zum Ausgangspunkt.

Burrenhof

Der Name des erst 1838 entstandenen Burrenhof kommt von den hallstattzeitlichen Grabhügeln in seiner Umgebung, den Burren (= Hügel). Dies sind mindestens 25 bis 30 aus der Zeit 8. bis 5. Jahrhundert v. Chr. stammende Tumuli, die sich östlich beiderseits der Straße befinden. In ihnen hat man im 19. Jahrhundert mehrfach gegraben und viele Funde wie Schmuckstücke und eine Radnabe entdeckt, die aber nicht mehr alle erhalten sind.

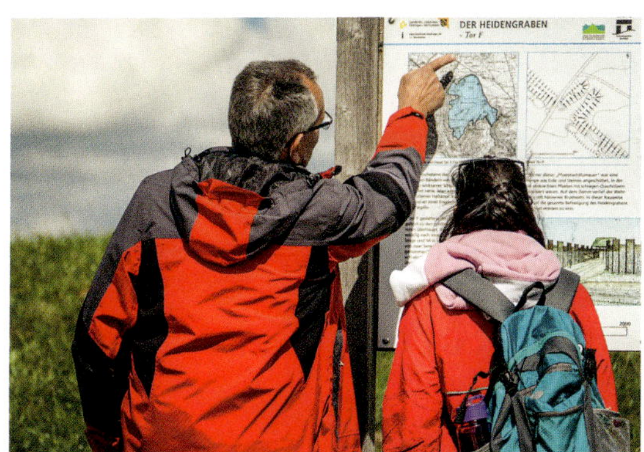

Links: Informationstafeln weisen auf Besonderheiten hin; unten: Mitten in den weiten Feldern steht eine mächtige Esche.

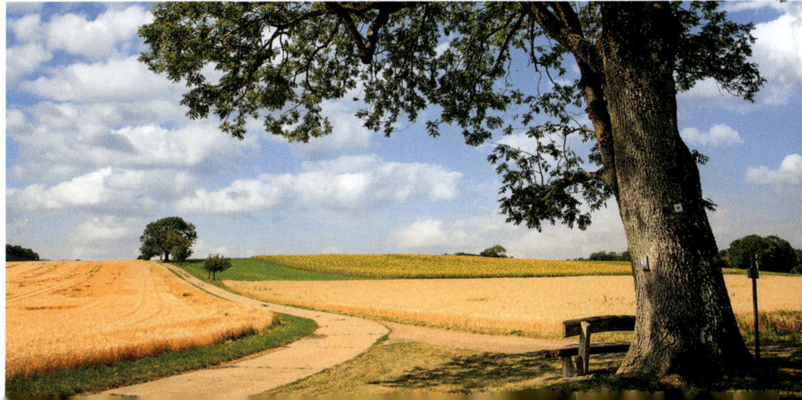

8 hochgehflogen

Aussichtspunkte und Höllenlöcher

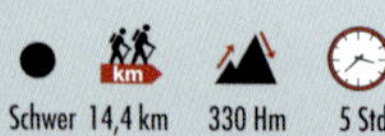

Schwer 14,4 km 330 Hm 5 Std.

Tourenverlauf: Gestütshof St. Johann – Hohe Warte – Fohlenhof – Höllenlöcher – Sonnenfels – Olgafels – Grüner Fels – Wanderheim – Gestütshof

Ausgangspunkt: Gestütshof St. Johann (Wanderparkplatz Hohe Warte, am Waldrand), 769 m, GPS-Koordinaten: 48.489165, 9.326222

Höchster Punkt: Hohe Warte, 820 m

Anfahrt: Auto: B27 und B312 bis Metzingen, dann bis kurz vor Eningen und auf der L380 hinauf auf die Albhochfläche; ÖPNV: Bahn bis Reutlingen, Bus bis St. Johann Gestütshof (www.efa-bw.de)

Karte: Wanderkarte W243 Bad Urach und Wanderkarte W238 Metzingen, beide 1:25 000, Landesamt für Geoinformation und Landentwicklung Baden-Württemberg (LGL) in Zusammenarbeit mit dem Schwäbischen Albverein e. V.

Informationen: www.albverein.net

Die prächtigen Aussichtsfelsen bieten einen Blick ins Ermstal, zur Ruine Hohenneuffen und ins Albvorland. Naturkundliche Besonderheiten sind die Dettinger Höllenlöcher und die mächtigen Weidbuchen auf dem Roßfeld.

Aussichtsreich zur Höllenlochhütte Am **Wanderparkplatz** finden wir das Schild Gestütshof Nord (769 m), an dem wir uns in Richtung »Hohe Warte« orientieren. Der mit dem roten Dreieck markierte Pfad verschwindet bald im Wald, und nach ein paar Minu-

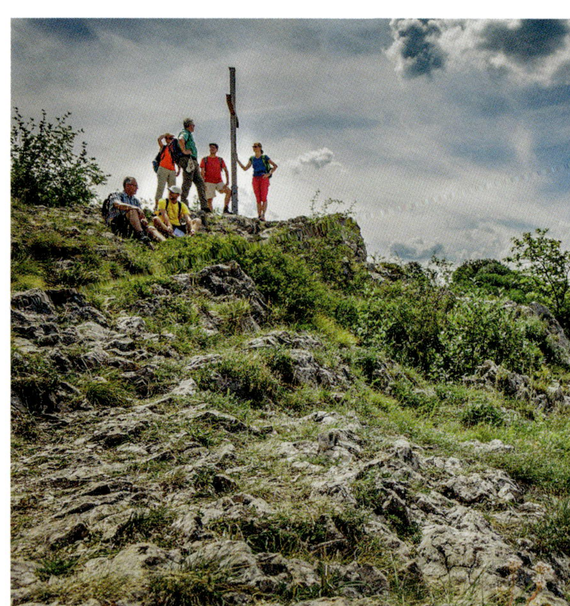

ten Anstieg stehen wir vor dem **Aussichtsturm** ❶. Am Turm folgen wir dem roten Dreieck in Richtung »Rutschenfelsen« nach rechts, dann geht es bergab. An einem querenden Forstweg halten wir uns rechts in Richtung Waldrand und Lindenallee, biegen aber noch vor diesen am Schild Sauwald (746 m) links ab. Kurz darauf stehen wir am Schild Fohlenhof (756 m). Nun marschieren wir durch die Anlage des **Fohlenhofs** ❷ hindurch, ehe es ein Stück bergab zum Waldrand mit dem Schild Fohlenhof (719 m) geht. Hier zieht der Weg nach links, wir zweigen aber gleich darauf noch einmal links ab, nun mit der roten Gabel in Richtung

Tourencharakter

Feste Wege und Pfade, teils an steilen Abhängen entlang. Alternative Ausgangspunkte: Parkplatz Gestütshof (gebührenpflichtig), Wanderparkplatz Eninger Weide.

Linke Seite: Auf dem Roßfels

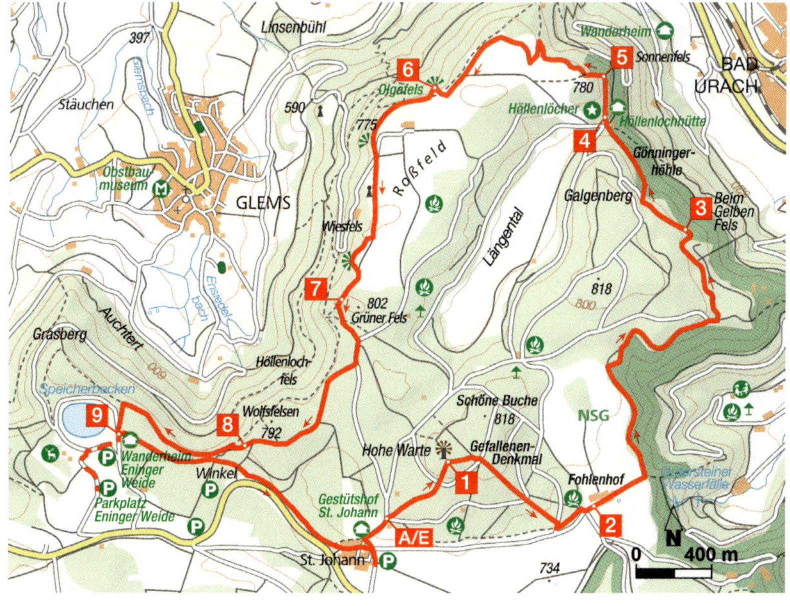

»Gelber Fels«. Etwas später sehen wir rechts des Weges einen **Aussichtspunkt** – den ersten von mehreren, auf die wir heute stoßen. Danach geht es ein Stück links des Waldrands an den Weiden entlang. Direkt vor einer Rechtskurve sollten wir den Abzweig des markierten Wanderwegs nach rechts nicht

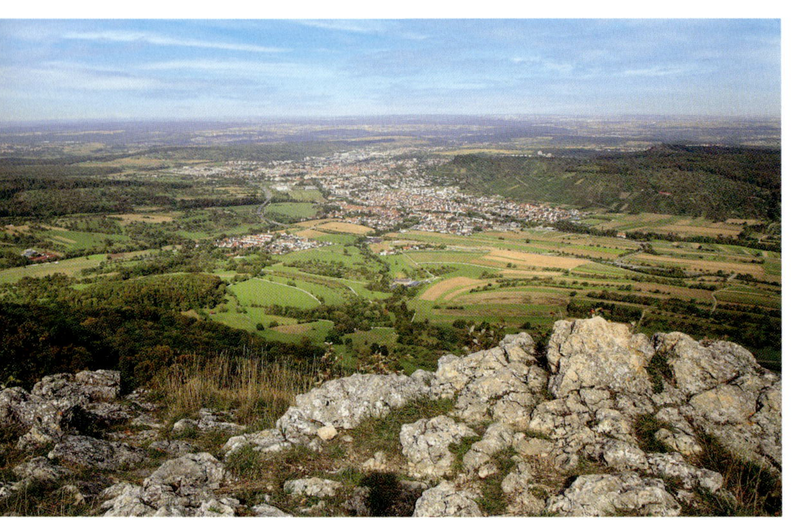

Blick ins Albvorland

verpassen. Später treffen beide Wege wieder aufeinander, wir aber zweigen dann gleich wieder rechts ab. Nach einem weiteren Aussichtspunkt folgen einige Stellen, bei denen es rechts des Pfads steil abwärts geht. Wer sich unsicher fühlt, kann links des Pfads diese Abschnitte weglos umgehen. Bald treffen wir auf einen breiten Forstweg, dem wir in Gehrichtung folgen, bis wir nach einer Kurve auf einen Pfad verwiesen werden. Den nicht ausgeschilderten **Gelben Fels** 3 lassen wir rechts liegen und erreichen nach einer weiteren Kurve einen Forstweg. Hier halten wir uns rechts.

Nach einiger Zeit zweigen wir rechts auf einen Pfad ab, der uns hinab zur **Höllenlochhütte** 4 bringt. Wer mag, kann noch hinab zu den Höllenlöchern gehen. Dann kann man durch die

Einkehr

Gestütshof St. Johann, Grillmöglichkeiten: Hohe Warte, Fohlenhof, Höllenlochhütte, Flugplatz, Eninger Weide

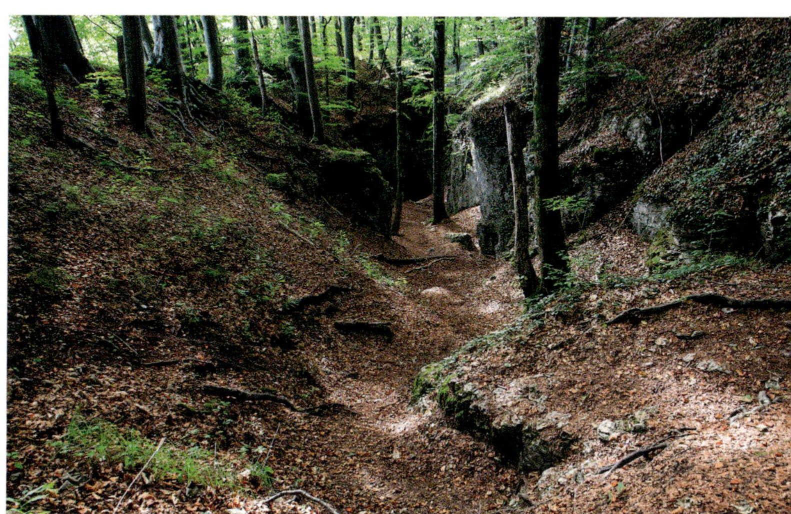

In den Höllenlöchern

Schlucht hindurchspazieren, bis man schließlich wieder auf den mit der roten Gabel markierten Weg trifft.

Von Fels zu Fels Ansonsten führt unser mit der roten Gabel bezeichneter Weg hinter dem querenden Weg weiter, nun wieder bergauf. Wir folgen immer dem Wanderzeichen und gehen kurz am oberen Ende der Höllenlöcher entlang. Etwas später erreichen wir den **Sonnenfels** (777 m) 5. Wir haben eine prächtige Sicht hinab ins Ermstal mit Bad Urach und Dettingen, man sieht bis zur Ruine Hohenneuffen und nach Norden ins Albvorland.

Hier knickt unser Pfad links ab. Bald verlassen wir den Wald, nun geht es eine Zeit lang über typische Magerwiesen. Wir treffen auf einen breiten Weg, dem wir nach rechts folgen. Nach einem Waldstück passieren wir einige mächtige Weidbuchen. Danach liegt links des Weges der **Segelflugplatz**, rechter Hand kommen wir an mehreren Aussichtspunkten vorbei, die uns prächtige Ausblicke zum Hohenneuffen und ins Albvorland bieten. Nach dem **Olgafels** 6 sind das der Roßfels und der Wiesfels. Am Ende des Fluggeländes steigt die Strecke etwas an, bis wir zu zwei mächtigen Weidbuchen mit einem steinernen Adler als Gedenkstätte für die gefallenen Flieger der Weltkriege gelangen. Es folgt ein **Grillplatz**, an dem wir den Rest einer gefällten Weidbuche sehen können, bevor wir unseren Weg im Wald oder links davon fortsetzen. Beim nächsten Grillplatz kann man nach rechts hinaus zu einem weiteren Aussichtsfelsen gehen. Danach überwinden wir eine kleine Erhebung, ehe wir dann hinunter zum **Grünen Fels** (803 m) 7 marschieren.

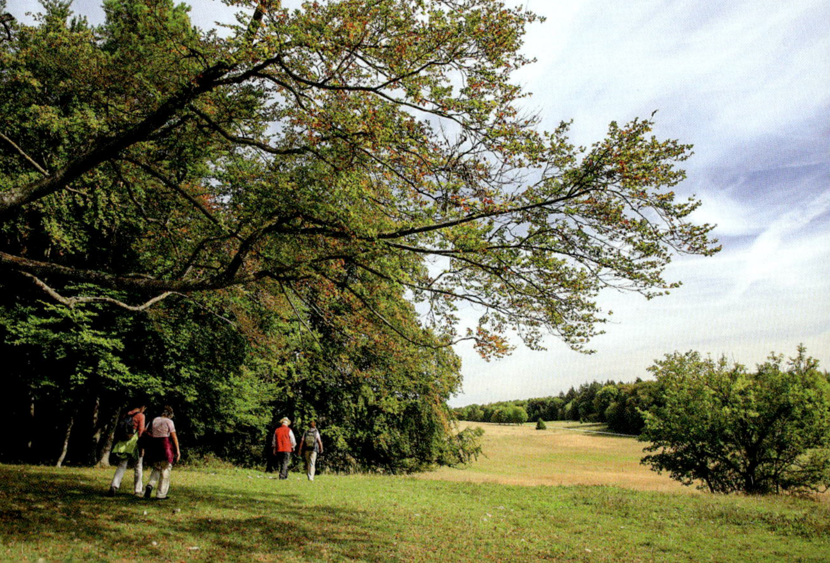

Wanderer auf dem Roßfeld

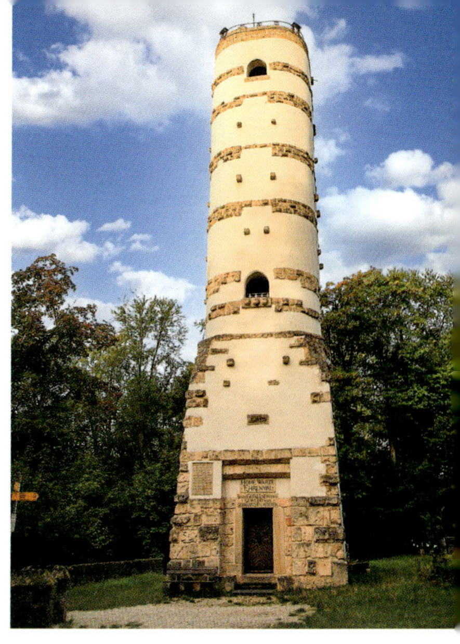

Vom Aussichtsturm auf der Hohen Warte sieht man über die Albhochfläche.

Nun folgen wir der roten Gabel nach links, als Wegmarkierung achten wir immer auf die Bezeichnung »Wanderheim Eninger Weide«. Wir treffen nach einiger Zeit auf einen festen Weg, dem wir nach rechts folgen. Etwas später zweigen wir rechts ab auf einen Pfad, anschließend befinden wir uns auf einem Forstweg. Nach ein paar Minuten biegen wir rechts ab und kommen zum **Wolfsfels** (691 m) **8**. Vor ihm wenden wir uns nach links und gehen auf einem Pfad vorerst bergab. Wir wandern nun eine Weile geradeaus, unterqueren dann die Elektroleitungen und zweigen noch etwas später mit dem Zeichen blaues Dreieck links ab.

Am Wildgehege vorbei zum Ausgangspunkt Jetzt spazieren wir immer geradeaus bis vor das **Wanderheim Eninger Weide (Hans-Schenk-Haus)** **9**. Es wurde von 1972 bis 1975 von der Ortsgruppe Eningen unter Achalm unter Leitung ihres Vorsitzenden Hans Schenk errichtet und besitzt einen Spielplatz und eine Grillstelle. Unweit davon befindet sich ein Wildgehege.

Vor ihm biegen wir links ab und folgen dem Wanderzeichen rotes Dreieck immer geradeaus bis zum Gestütshof St. Johann. Das Zufahrtssträßchen bringt uns nach links zu unserem Parkplatz.

Hohe Warte

Der Aussichtsturm Hohe Warte (820 m) ging aus einem Hochstand von 1896 hervor. Im Jahr 1905 wurde ein Aussichtsgerüst errichtet, ehe 1923 der gemauerte Turm mit seinen Rusticaelementen in der Mauer entstand. Er diente auch als Ehrenmal für die Gefallenen des Ersten Weltkriegs, ein Gedenkstein vor dem Turm weist auf die Gefallenen beider Kriege hin.

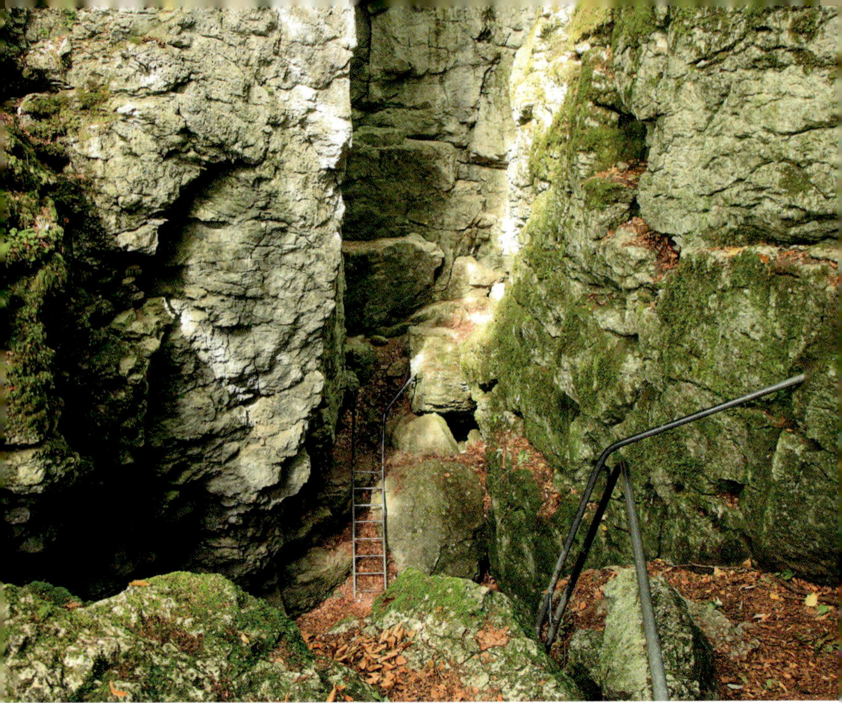

Wie in einer Via Ferrata führen Eisenleitern hinab in die Höllenlöcher.

Höllenlöcher

Höllenlöcher sind Felsspalten mit teilweise sehr tiefen Schluchten. Zu den Dettinger Höllenlöchern schrieb einst Julius Wais: »… eine gewaltige Felskluft, eine Via Mala im Kleinen.« Hier haben sich die Klüfte in den harten Kalkfelsen zu mehrere Meter breiten Schluchten ausgeweitet. Die Spalten entstanden, da einsickerndes Wasser den Kalk in den oberen Schichten des Weißjuragesteins ausgelaugt hat. Durch die Auswirkungen von Frost, aber auch durch das Nachgeben des weichen Mergeluntergrunds werden die Spalten immer breiter und die sogenannten Randklüfte entstehen. Schließlich spalten sich die Gesteinsschollen vollends vom Albmassiv ab und die Randklippen rutschen über den weicheren Mergelgrund seitlich ab. Hier sieht man, wie die Alb im Laufe der Jahrmillionen »kürzer« wird, denn die Felsen werden wohl irgendwann einmal als Bergsturz ins Tal rauschen. Die abgespaltenen Felsen bilden bis zu 30 Meter tiefe und breite, wild anmutende Schluchten; in diesen rund 100 Meter langen Abrissklüften krallen sich Bäume in den Stein, es ist feucht, schlüpfrig, dunkel und schattig. Die Spalten sind von hohen, senkrechten Felswänden umgeben. In ihnen führen Kleinhöhlen und Schachthöhlen weiter in den Felsen hinein. Hier herrscht ein interessantes feuchtkaltes Mikroklima, das eine besondere Moos- und Flechtenflora hervorbringt. Bei den Dettinger Höllenlöchern muss man wie bei einem alpinen Klettersteig auf einer Eisenleiter ab- und wieder hinaufsteigen – alles in allem ein wahres Paradies, nicht nur für Kinder! Solche Höllenlöcher gibt es beiderseits des Ermstals – auf der anderen Talseite findet man bei Hülben die allerdings nicht so langen und tiefen Uracher Höllenlöcher.

Hier geht es hinab in die Höllenlöcher

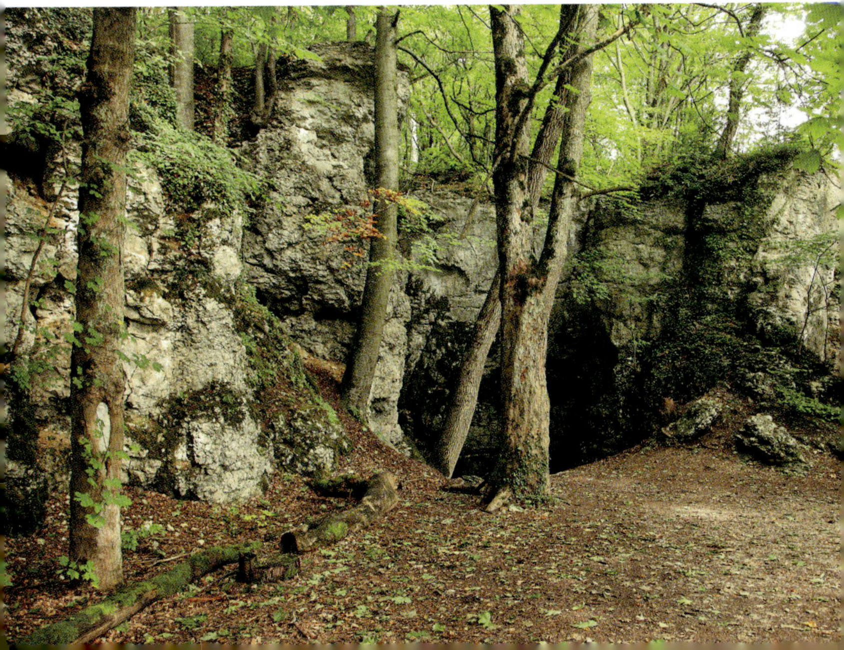

9 hochgehwachsen

Bäche und ein See

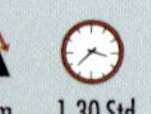

Leicht 5,9 km 90 Hm 1.30 Std.

Tourencharakter: Premiumspazierwanderweg, der zwar kurz und einfach ist, trotzdem eher den Charakter einer Wanderung als eines gemütlichen Spaziergangs aufweist. Er verläuft vorwiegend auf unbefestigten Wegen, aber auch auf festen Forstwegen.

Tourenverlauf: Reutlingen/ Parkplatz Roßwasen – Wildgehege (Straße) – Teufelsklinge – Breitenbachsee Anfang – Parkplatz

Ausgangspunkt: Reutlingen, Parkplatz Roßwasen, 407 m, GPS-Koordinaten 48.474210, 9.178680

Höchster Punkt: Beim Schild nördlich Hohlichterrain (458 m)

Einkehr: Restaurant Schützenhaus

Karten: Freizeitkarte F523 Tübingen Reutlingen, 1:25 000; Landesamt für Geoinformation und Landentwicklung Baden-Württemberg (LGL); Wanderkarte mit Radwegen 52-538, Reutlingen Bad Urach Blatt, 1:25 000, NaturNavi

Informationen: www.reutlingen.de

Dieser »Spazierwanderweg« führt uns durch ein urtümliches Waldgebiet, das mit viel Totholz interessante Szenerien bietet, und vorbei an Tümpeln und Bächen bis zum idyllischen Breitenbachsee.

Zum Wildgehege Markwasen Am Parkplatz Roßwasen (396 m) folgen wir dem Weg, der an ihm entlang bzw. links des Waldes weiterführt. Hier kommen wir auch an einigen idyllischen Tümpeln vorbei, die mit Schilf bewachsen sind und, je nach Wetter, mehr oder weniger Wasser führen.

Wo vor uns der Wald beginnt, biegen wir links ab. Vorbei an Sportplätzen kommen wir zum **Parkplatz Nord am Naturtheater** (401 m) ❶. Hier zweigen wir rechts ab und wandern auf dem Naturweg rechts des Sträßchens bis zum nächsten Parkplatz. Vor diesem steht das Schild Am Naturtheater (403 m), auf seiner gegenüberliegenden Seite das Schild Parkplatz Süd am Naturtheater (404 m). Nun steigen wir auf einem Pfad hinauf zu einer Kreuzung mit dem Schild **südlich Naturtheater** (416 m) ❷.

Wir gehen auf dem zweiten Weg von links weiter in Richtung »Schützenhaus«. Bald überqueren wir einen breiten Weg, danach kommen wir zum Zaun des ersten Geheges, in dem man vielleicht Schafe sehen kann. Rechts des Zauns wandern wir weiter bis zu einer Straße. Gegenüber liegt das **Wildgehege Markwasen mit Damwild** ❸. Man sollte auch den prächtigen uralten Eichen in beiden Gehegen Beachtung schenken. Rechts ginge es zum Schützenhaus, wir biegen aber links ab.

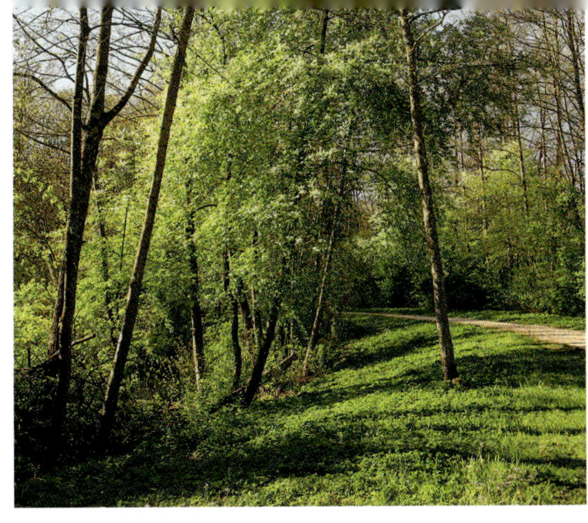

Links: Um den See gibt es einen idyllischen Wald; unten: Damwild im Wildgehege

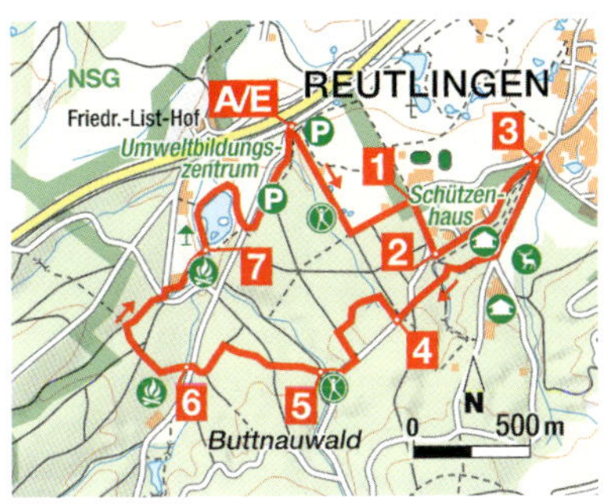

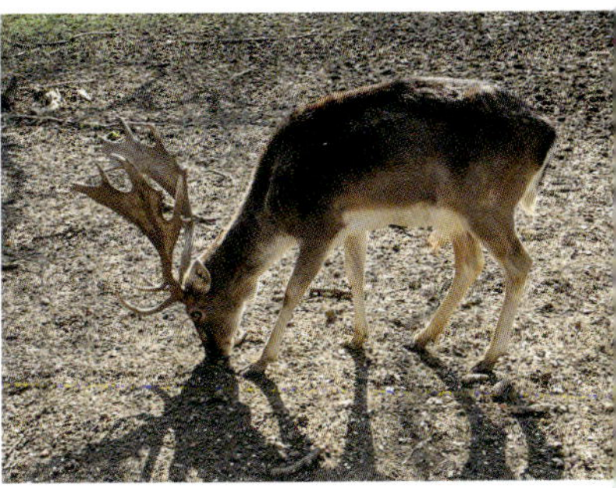

Am Ende der eingezäunten Gehege geht es zur Bushaltestelle Markwasen; von dort kommen diejenigen Wanderer, die mit öffentlichen Verkehrsmitteln angefahren sind, und starten ab hier. Nun biegen wir am Wanderschild Markwasen Wildgehege (423 m) links ab, kurz darauf am Schild beim Markwasen (413 m) noch einmal links. Entlang des Zauns des ersten Geheges, dann über den bekannten festen Weg und vorbei am Carlo-Schmid-

Anfahrt

Auto: B27 und B464 nach Reutlingen. Durch die Stadt hindurch und in der Alteburgstraße, bis es nach der Stadt rechts abgeht zum Parkplatz Hochschulen. Durch ihn hindurch und parallel zur Bundesstraße weiter, bis man diese nach links unterqueren kann. Danach nach rechts. Ausweichparkplätze befinden sich beim Naturtheater und direkt am Breitenbachsee. Der Parkplatz am See empfiehlt sich, falls man den Tag mit Grillen oder einfach einem Ausklang am See beenden will; ÖPNV: Bahn bis Reutlingen, Bus bis Haltestelle Reutlingen Markwasen (www.efa-bw.de)

Haus kommen wir zurück zur Kreuzung mit dem Schild **südlich Naturtheater** (416 m) **2**.

Vorbei an Bächen Nun wandern wir geradeaus weiter. Es geht hinab zu einem Bach, danach wieder hinauf. Bald überqueren wir einen Forstweg und erreichen gleich danach das Schild **südöstlich Mark** (440 m) **4**. Hier werden wir nach rechts verwiesen. Der Weg führt hinab zu einer Trimm-dich-Station, wo wir links abbiegen. Im Anschluss wandern wir abwärts zu einem Bach, an der Verzweigung dahinter steigen wir auf dem linken Weg wieder hinauf. Am nächsten Querweg halten wir uns links, am darauf folgenden noch einmal und kommen zu einem Schild nördlich Hohlichterrain (441 m).

Hier orientieren wir uns rechts, zweigen aber gleich darauf rechts ab auf einen Pfad. Nun geht es hinab zur **Teufelsklinge** **5**. Immer mit leichtem Auf und Ab überqueren wir zwei Wege. Nach dem zweiten Weg geht es bergab zu einem Querweg. Diesem folgen wir nach links; er zieht bald wieder nach rechts und bringt uns zu einem breiten Weg mit dem Schild Am Breitenbach (406 m). Wir überqueren den **Bach** **6**, gehen geradeaus weiter, kreuzen zwei Wege

Auch eine Seeumrundung ist ein reizvoller Spaziergang.

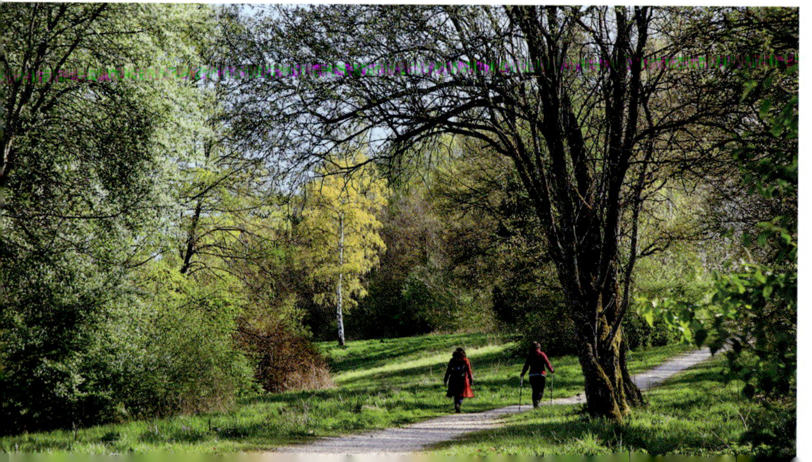

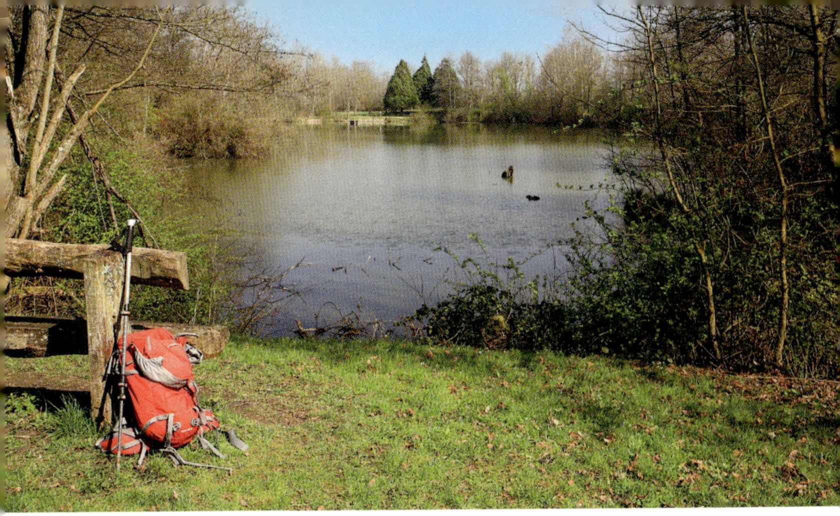

Rast am Breitenbachsee

und kommen zum Schild nach Gugel Nord (441 m). Dort wandern wir weiter geradeaus und hinab zu einem breiten Querweg. Ihm folgen wir nach rechts.

Über den Breitenbachsee zum Ausgangspunkt Bald passieren wir eine Kreuzung, werden aber kurz darauf beim Schild Grillstelle Jungviehweide West (407 m) nach links verwiesen. An dem Pavillon mit der Grillstelle folgen wir dem nach rechts ziehenden Weg, der zwischen Feldern und Wiesen verläuft.
Am Schild Breitenbachsee Süd (395 m) stehen wir vor dem **Breitenbachsee** 7. Wir halten uns links und umrunden das idyllische Gewässer. Hier finden wir Bänke zum Ausruhen und kommen auch an ein paar mächtigen Mammutbäumen vorbei. Auf der anderen Seite des Sees stoßen wir auf die Zufahrtsstraße und den Parkplatz Breitenbachsee. Hinter der Straße steht vor einem weiteren Parkplatz das Schild Parkplatz am Breitenbachsee (409 m). Wir gehen über diesen Parkplatz und wandern, anfangs parallel zur Straße, durch den Wald. An der Verzweigung nach einem Bach halten wir uns links und kommen zurück zum Ausgangspunkt.

10 hochgehtürmt

Aussichtsturm und Aussichtsfels

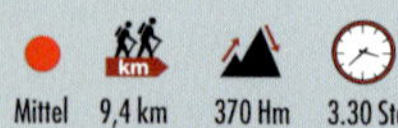

Tourenverlauf: Pfullingen/ Parkplatz Landesziegenweide – Wanne-Hütte – Wackerstein – Won – Hinteres Sättele – Schönbergturm – Parkplatz

Ausgangspunkt: Pfullingen, Parkplatz Landesziegenweide, 524 m, GPS-Koordinaten 48.451122, 9.225296

Höchster Punkt: Wackerstein (829 m)

Einkehr: Falls geöffnet Kiosk am Schönbergturm (am Wochenende, bei Öffnung ist die Fahne gehisst)

Karten: Wanderkarte W242 Sonnenbühl, 1:25 000, Landesamt für Geoinformation und Landentwicklung Baden-Württemberg (LGL) in Zusammenarbeit mit dem Schwäbischen Albverein e. V.; Wanderkarte mit Radwegen 52-536, Lichtenstein Trochtelfingen, 1:25 000, NaturNavi

Informationen: www.pfullingen.de

Hinweis: Die Besteigung des Turmes – mit seiner Einbahnregelung – ist unbedingt empfehlenswert.

Beste Aussichten verspricht diese Tour: Zuerst vom Wackerstein, einer der wenigen Felsen der Schwäbischen Alb mit einem Gipfelkreuz, und gegen Ende der Tour einen 360-Grad-Rundumblick vom interessanten Schönbergturm, der »G'frorenen Onderhos«.

Hinauf zur oberen Wanne-Hütte Wir gehen über den Parkplatz zu dessen Ende vor einem Zaun. Dort werden wir nach links verwiesen. Nun steigt der Weg an. Beim Schild oberhalb Landesziegenweide (535 m) halten wir uns links, am Schild oberhalb Landeszie-

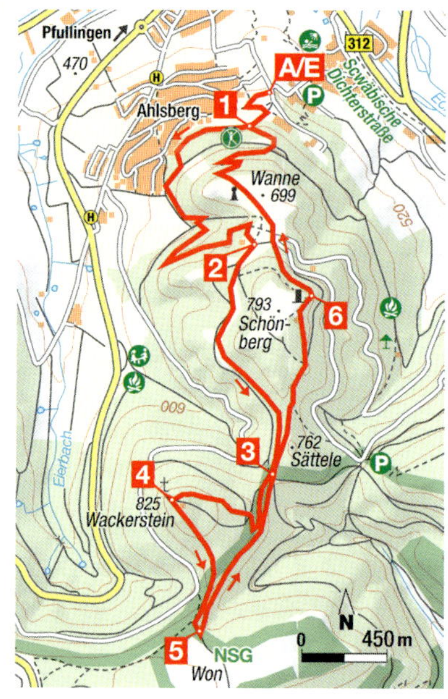

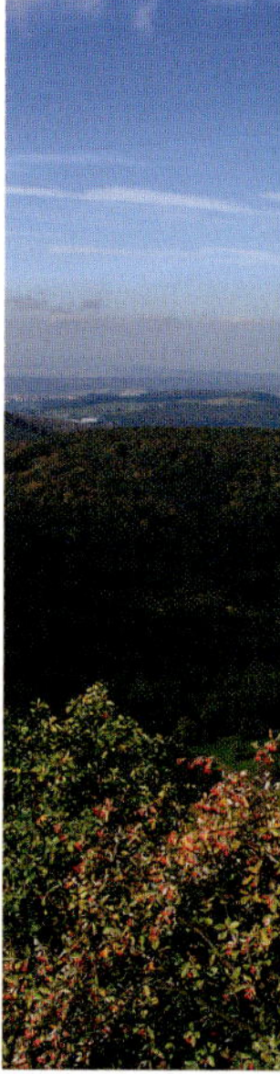

genweide (530 m) rechts. Beim Schild Unter der kleinen Wanne (559 m) gehen wir geradeaus weiter. Später steigt es kurz steil an zu einem **Querweg** ❶. Hier halten wir uns rechts. Nun geht es eben bzw. sanft bergab weiter. Am Schild südlich Ahlsberg (582 m) werden wir nach links verwiesen. An der nächsten Verzweigung orientieren wir uns links, nach kurzem, sanften Anstieg weist uns das Zeichen am Schild östlich vorderes Maustäle (609 m) nach rechts auf einen schmalen Pfad. Beim Schild **nordöstlich Obere Wanne-Hütte** (699 m) ❷ gehen wir nach rechts zu dieser Hütte, die auch eine Grillstelle besitzt.

Über das Hintere Sättele zum Wackerstein Nun gehen wir hinauf zu einem Weg und zum bereits sichtbaren nächsten Wanderschild mit der

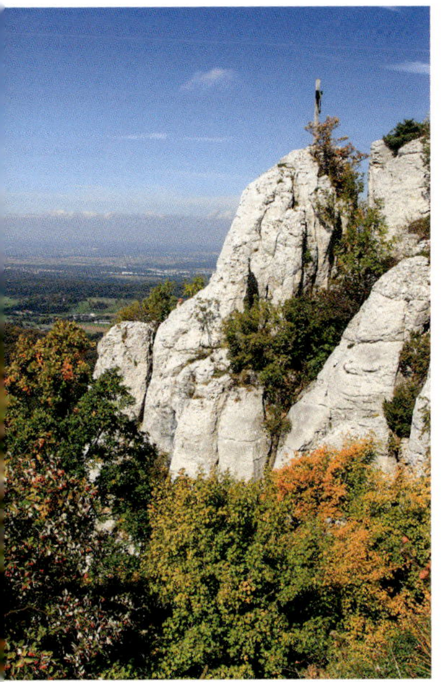

Der Wackerstein mit seinem Gipfelkreuz

Tourencharakter

Rundwanderung auf teilweise steilen Pfaden. Stellenweise führen diese direkt am Steilhang entlang, hier sollte man schwindelfrei und trittsicher sein.

Anfahrt

Auto: B313 bis südlich von Pfullingen oder durch die Stadt nach Süden, dann auf der Theodor-Fischer-Straße zum Parkplatz Landesziegenweide. Ausweichparkplätze sind der Wanderparkplatz Ahlsberg in Pfullingen und der Wanderparkplatz Wanne direkt unterhalb des Turms. Wer hier parkt, kann die Tour sogar abkürzen, indem er direkt zur bereits sichtbaren Obere Wanne-Hütte geht; ÖPNV: Bushaltestelle Ahlsberg, Reutlinger Stadtverkehr Linie 2 (www.efa-bw.de)

Bezeichnung südlich Obere Wanne-Hütte (708 m). Hier wandern wir nach rechts weiter, gleich darauf zweigen wir am Schild südwestlich Wanne (716 m) links ab auf den mittleren der drei Wege, der als Naturweg links des Waldrands weiterführt.

Nun steigt es gemächlich an bis zum Schild Hinteres Sättele (724 m). Kurz danach, am Schild **Hinteres Sättele** (725 m) 3, geht es für uns nach rechts in Richtung »Wackerstein« weiter. Der Weg führt uns nun teilweise steil hinauf, wir überqueren einen breiten Forstweg und erreichen nach weiterem, nun etwas sanfteren Anstieg beim Schild Wackerstein (820 m) eine Schutzhütte, auch diese mit einer Grillstelle. Hier geht es später hinter der Hütte nach links weiter, zuerst gehen wir aber nach rechts hinaus zum **Wackerstein** 4.

Wackerstein

Der Wackerstein zählt zu den markantesten Felsmassiven am Albtrauf. Als einer der wenigen ist er mit einem Kreuz versehen. Die Sicht reicht über das Albvorland, den Streuobstwiesengürtel am Fuße der Alb zum abwechslungsreich gegliederten Albtrauf.

Vorbei am Won zum Hinteren Sättele Zuerst werden wir wohl rasten und die Aussicht genießen. Danach gehen wir zurück zur Hütte und rechts an ihr vorbei. Der Pfad führt uns an zwei kleinen Felsmassiven vorbei bzw. hindurch und etwas später zur weiten Wiesenfläche des Won. Hier biegen wir am Schild **Naturschutzgebiet Won** (773 m) 5 links ab.

Nun führt uns ein Pfad am Hang entlang wieder zu den beiden Schildern Hinteres Sättele. Am **zweiten Schild** 3 gehen wir auf dem rechts in Richtung »Schönbergturm« führenden Pfad weiter. Dieser steigt sanft an bis zu einem Querweg. Hier sehen wir das Schild nördlich Hinteres Maustäle (781 m). Etwas nach rechts versetzt folgen wir dem Weg in Gehrichtung weiter und erreichen schließlich die große Wiese vor dem Schönbergturm. Hier kann man Pause ma-

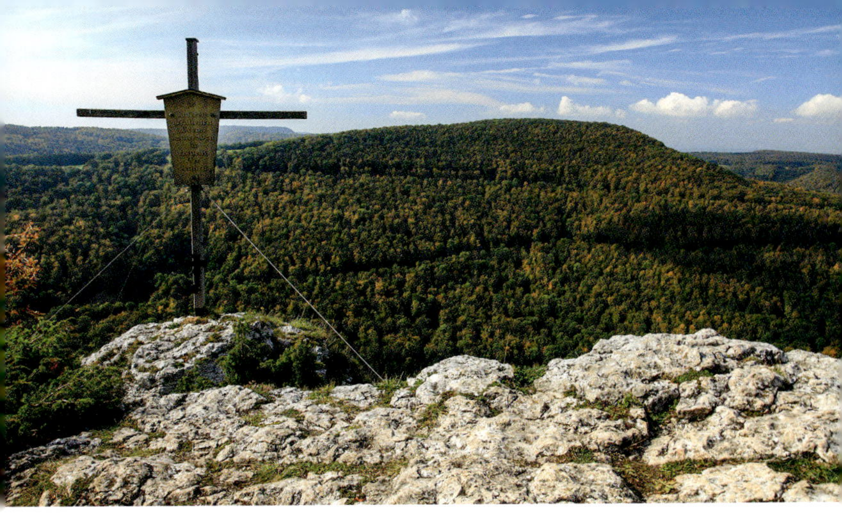

chen, sich evtl. am Kiosk etwas zu essen oder trinken kaufen – und man sollte natürlich den originellen **Schönbergturm** (793 m) **6** besteigen; die Aussicht sucht ihresgleichen.

Vom Wackerstein aus kann man die Schwäbische Alb überblicken.

Hinab zum Parkplatz Hinter dem Turm halten wir uns am Schild Schönbergturm (791 m) rechts. Nun geht es im Zickzack hinab zum Wanderparkplatz Wanne (697 m). Hinter ihm folgen wir den Pfadspuren über die große Wiese zum Fritz Boley-Denkmal. Von dort aus gehen wir weiter zum Waldrand mit dem Schild Wanne (693 m).

Nun geht es durch den Wald hinab zum Schild Kleine Wanne (591 m) und von dort kurz steil hinab. Ab dem Schild unter der kleinen Wanne (559 m) wandern wir auf bekanntem Weg zurück zum Ausgangspunkt.

Schönbergturm

Der 28 Meter hohe Schönbergturm (793 m) steht auf einer nahezu ebenen Berghalbinsel und ist wohl einer der eigenartigsten Türme im Land. Das in leuchtendem Weiß verputzte Bauwerk wurde 1905/1906 von Theodor Fischer aus Sichtbeton – als erstes Bauwerk seiner Art – erbaut. Er besteht aus zwei engen Turmschäften mit Einbahnregelung für den Auf- und Abstieg. Weil der Turm an eine lange Herrenunterhose erinnert, erhielt er schnell den Spitznamen »G'frorne Unterhose«. Für den Bau wandte sich der Schwäbische Albverein auf Empfehlung des maßgeblichen Mäzens, des Pfullinger Privatiers Louis Laiblin – der auch durch eine Tafel gewürdigt wird –, an Theodor Fischer. Dieser war von 1901 bis 1908 in Stuttgart Professor für Architektur.

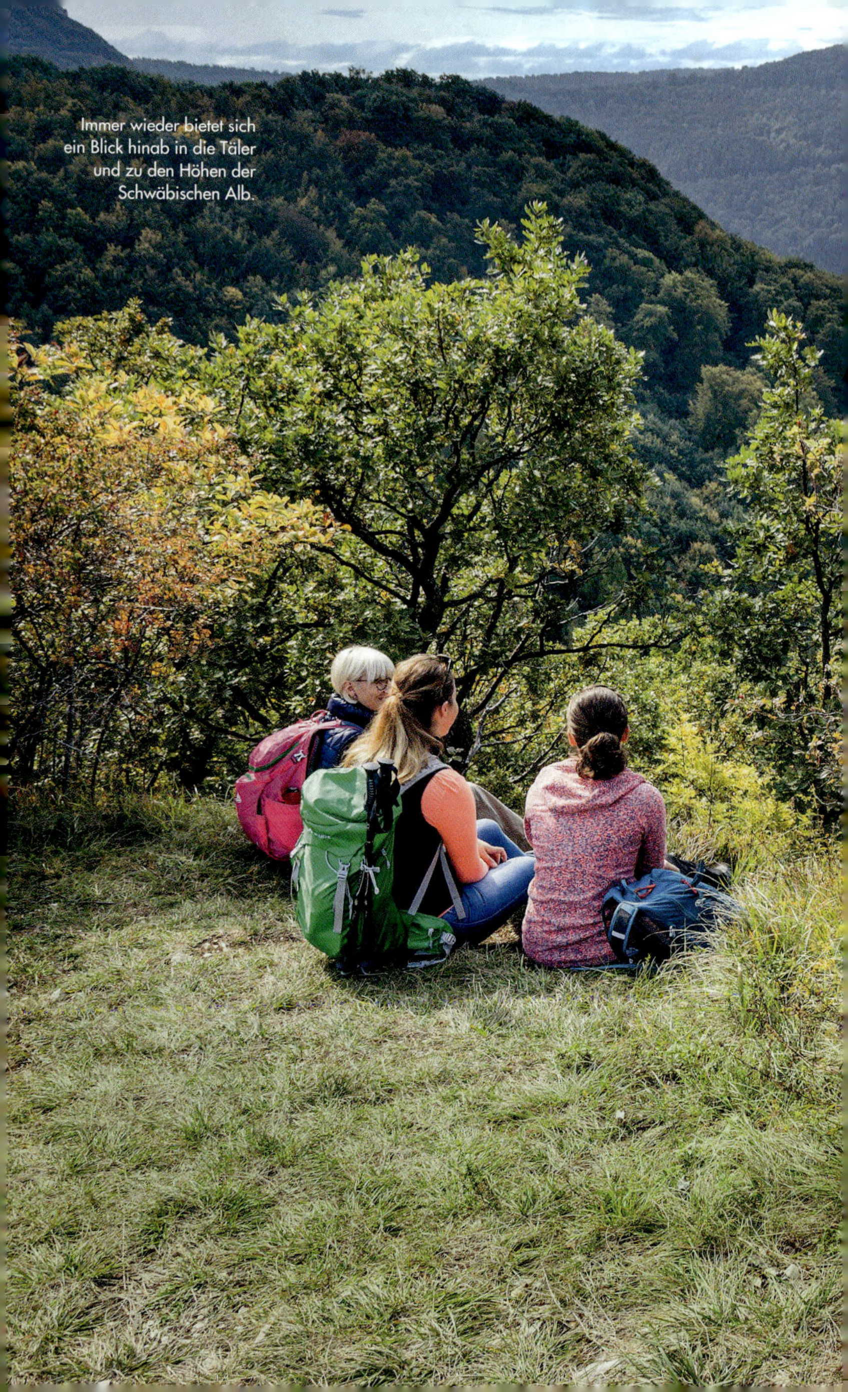

Immer wieder bietet sich ein Blick hinab in die Täler und zu den Höhen der Schwäbischen Alb.

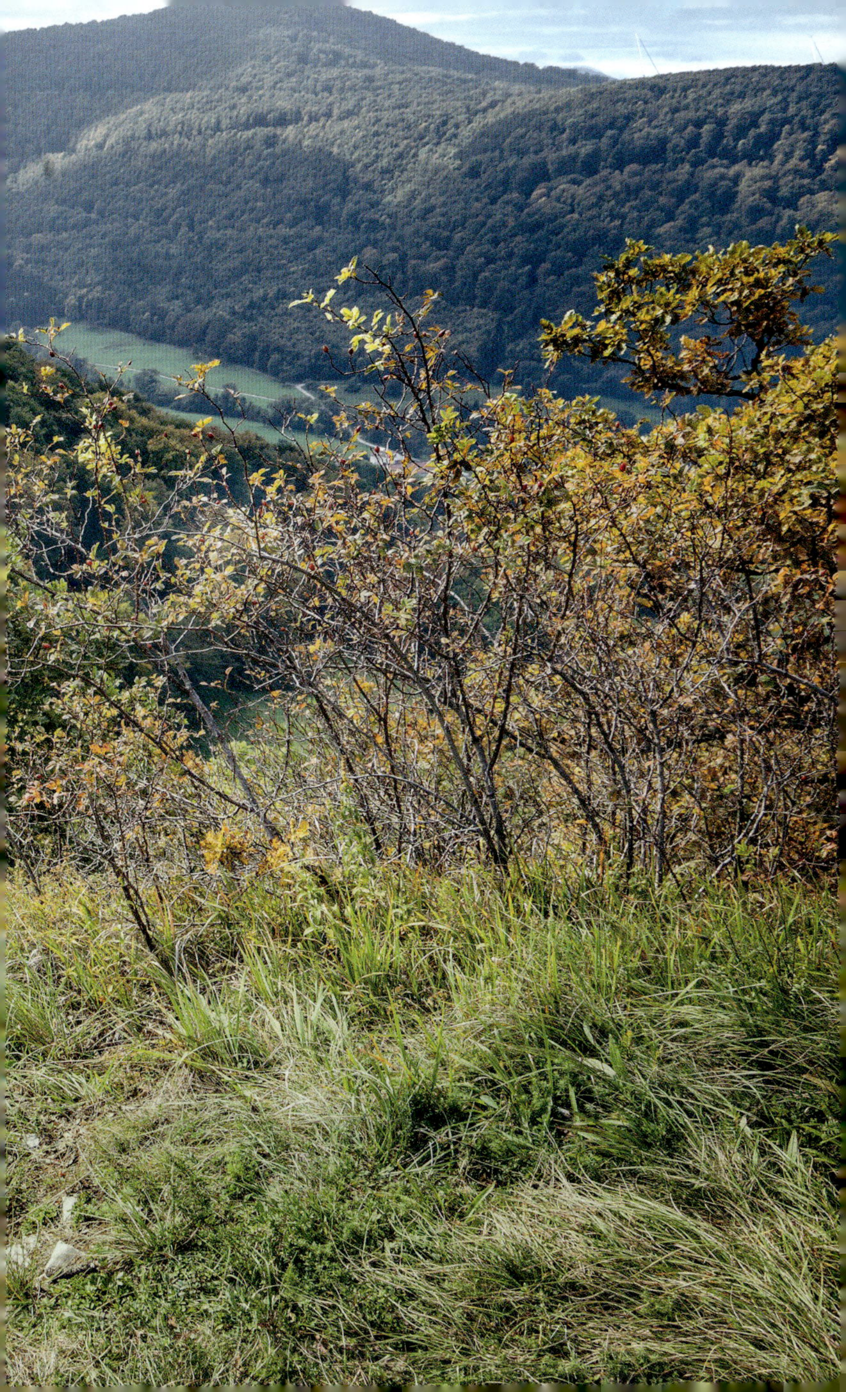

11 hochgehkämpft

Hinauf zum Aussichtsturm

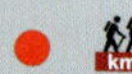
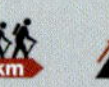

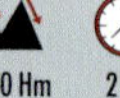
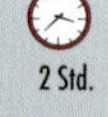

Mittel 4,9 km 280 Hm 2 Std.

Tourenverlauf: Gönningen/Schützenhaus – Roßwiese – Roßberghaus/Roßbergturm – Roßwiese – Schützenhaus

Ausgangspunkt: Gönningen (Schützenhaus, Ende Roßbergstraße), 636 m, GPS-Koordinaten: 48.425076, 9.151031

Höchster Punkt: Roßberghaus/-turm, 869 m

Anfahrt: Auto: B27 und B464 nach Reutlingen, dann L383 nach Gönningen, dort der Roßbergstraße folgen bis zum Schützenhaus; ÖPNV: Bahn bis Reutlingen, weiter mit dem Bus (www.efa-bw.de)

Einkehr: Roßberghaus, Grillmöglichkeiten: beim Schützenhaus, Roßberghaus

Karte: Wanderkarte W242 Sonnenbühl, 1:25 000, Landesamt für Geoinformation und Landentwicklung Baden-Württemberg (LGL) in Zusammenarbeit mit dem Schwäbischen Albverein e. V.

Informationen: www.albverein.net, www.reutlingen.de

Der Roßberg mit dem Wanderheim des Schwäbischen Albvereins und vor allem dem Aussichtsturm ist das Ziel der Wanderung. Auch vom Quenstedt-Denkmal, das an den verdienten Pfarrer und Geologen erinnert, bietet sich ein weiter Blick.

Start am Schützenhaus Wir gehen rechts vom Schützenhaus mit dem Wanderzeichen blaues Dreieck die Treppenstufen hinauf und ein Stück durch den Wald bis zu einer **querenden Straße** ❶. Hier nehmen wir den rechts abgehenden breiten Forstweg, der mit Jägerweg und der blauen Raute markiert ist, als Wegname steht an einem Baum Unterlauhernweg. Er führt uns sanft bergauf, wobei wir rechts schon bald freie Sicht über eine Wiese in Richtung Gönningen genießen.

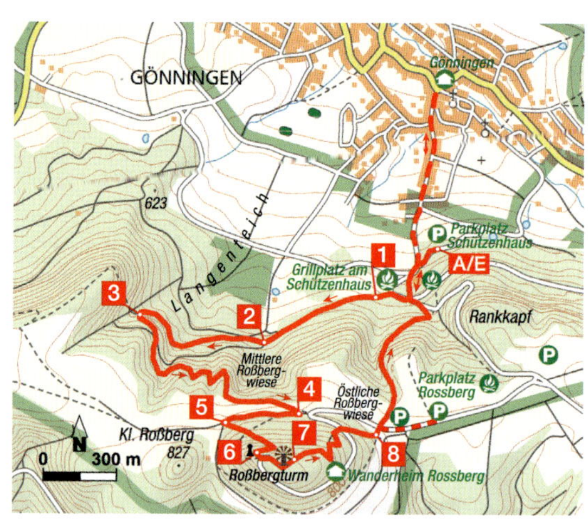

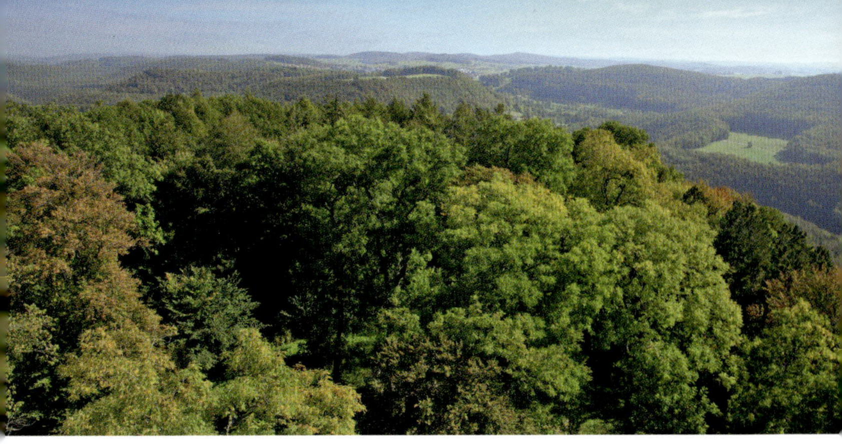

Wieder im Wald zweigen wir nach einer Rechtskurve mit dem Wanderzeichen blaue Gabel auf den links abgehenden **Pfad** 2 ab. Auch dieser steigt leicht an und bringt uns mit verschiedenen Kurven und Biegungen bis zu einer **Stelle** 3, an der er scharf links abknickt. Anschließend geht es mit weiteren Kurven hinauf bis zum **Waldrand** 4.

Nun halten wir uns am nächsten Waldstück rechts, auf dem links von uns ansteigenden Berg stehen das Roßberghaus und der Aussichtsturm. Wir wandern am Waldrand entlang bis zu dessen Ende und biegen dann scharf links in einen mit dem blauen Dreieck markierten Pfad ein 5. Am nächsten Querweg bie-

Blick vom Roßberg über die Albhochfläche

Auf dem Roßfeld kann man auch einfache, ebene Spaziergänge unternehmen.

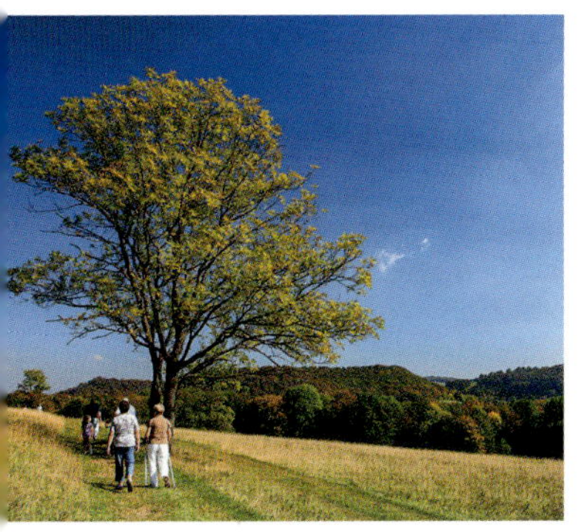

Tourencharakter

Wir wandern auf festen Wegen und Pfaden. Insbesondere beim Aufstieg führen diese Pfade am Steilhang entlang, sodass man bei Nässe, Eis und Schnee besonders vorsichtig sein muss. Auch schwindelfrei sollte man sein. Alternative Ausgangspunkte sind der Parkplatz Roßberg (0,1 km) und die Bushaltestelle Rathaus in Gönningen (0,7 km).

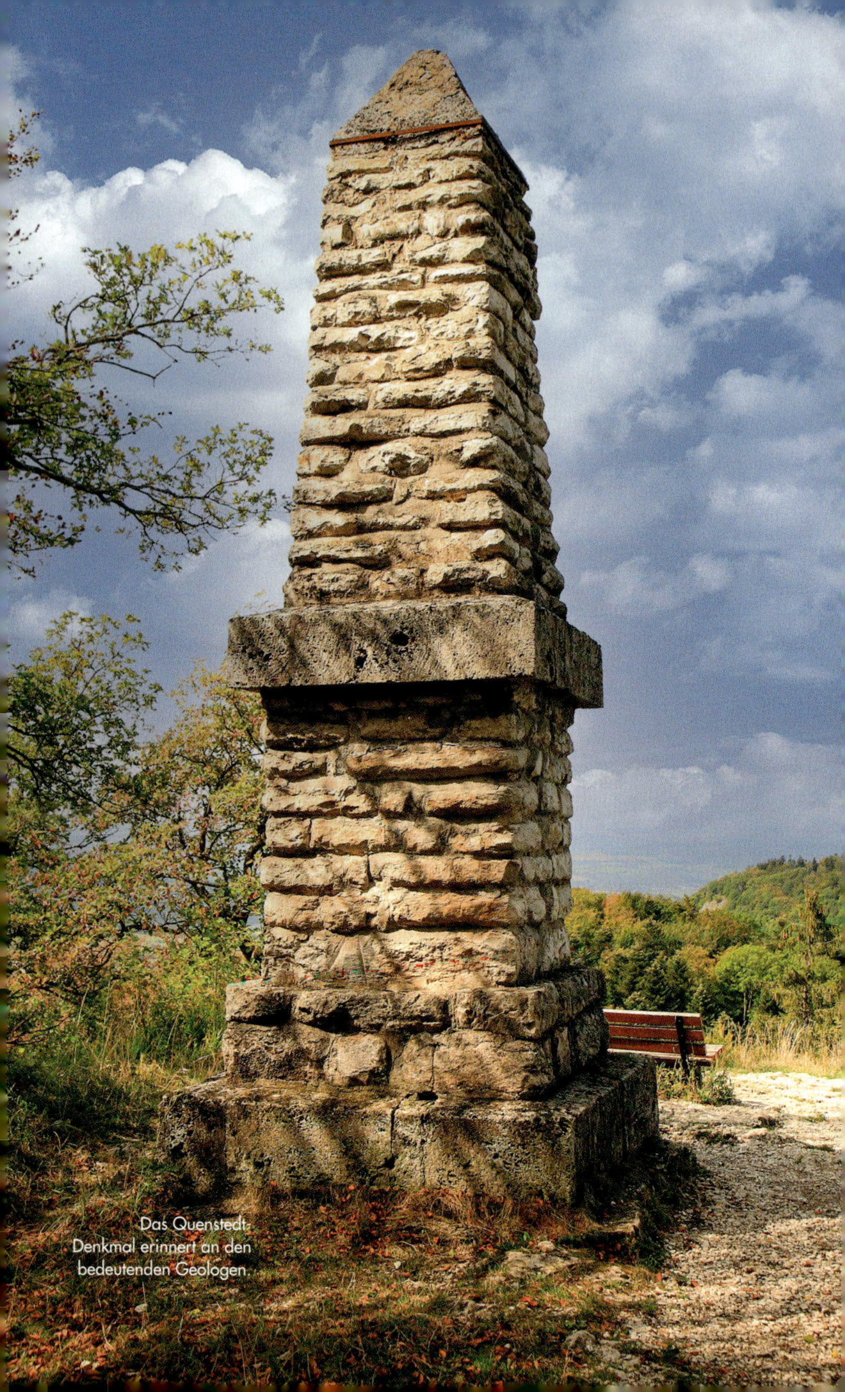

Das Quenstedt-Denkmal erinnert an den bedeutenden Geologen.

gen wir mit der blauen Gabel rechts ab in den Jägerweg, der uns zur Zufahrtsstraße zum Roßberghaus hinaufbringt. Wir biegen links und dann gleich noch einmal links ab und kommen zum **Quenstedt-Denkmal** 6, von dem aus wir einen schönen Blick hinab aufs Roßfeld haben.

Roßfeld

Das Roßfeld ist eine ebene Hochfläche mit prächtigen Weidbäumen. Im Kalkmagerrasen kann man immer wieder typische oder seltene Pflanzen wie Kreuzblumen, Traubenhyazinthen, Enziane, Knabenkräuter oder das Brandknabenkraut finden. Hier wurden während des spanischen Erbfolgekrieges 1703/1704 Befestigungen zur Sicherung des Albaufstiegs der württembergischen Armee gegen die Franzosen und Bayern errichtet, allerdings nie gebraucht. Geplant war, diese Sicherung von Geislingen bis ins Kinzigtal zu führen. Die Bevölkerung musste Wälle, Graben und Palisaden errichten, außerdem Verhaue im und vor dem Graben. Für die Württemberger war allerdings nach der Schlacht von Höchstädt a.d.D., bei der die bayerisch-französische Armee besiegt wurde, der Krieg vorbei. Noch heute sind Spuren des Walls und grabenartige Vertiefungen zu erkennen.

Vom Denkmal zum Aussichtsturm Das Quenstedt-Denkmal erinnert an den gebürtigen Sachsen Friedrich August von Quenstedt, der in Tübingen Professor für Mineralogie, Geologie und Paläontologie war. Von ihm stammt die Einteilung der Stufengliederung des geologischen Aufbaus der Schwäbischen Alb.
Danach gehen wir zum **Roßberghaus**, wo wir nun den **Aussichtsturm** 7 besteigen sollten. Nach dem Roßbergturm folgen wir dem Wanderzeichen blaues Dreieck, das am Grillplatz vorbei wieder in den Wald führt. Der Weg beschreibt verschiedene Serpentinen, quert die Zufahrtsstraße und bringt uns schließlich zum **Waldrand** 8. An diesem biegen wir links ab, überqueren die Straße (Östliche Roßbergwiesen) und gehen über die Wiese geradeaus auf den Wald zu. Nun steigen wir mit dem blauen Dreieck ab und wenden etwas oberhalb der querenden Straße nach links auf einen Pfad, der uns kurz darauf zur Straße und zu der Stelle bringt, die wir noch vom Anfang der Tour kennen 1. Schließlich geht es auf bekanntem Weg hinab zum Schützenhaus.

Der Roßberg

Der Roßberg ist ein steiler Bergkegel, der sich etwa 100 Meter über dem Roßfeld erhebt. Er war schon früh als Aussichtsberg bekannt. So staunten die Leute auf der Schwäbischen Alb auch nicht schlecht, als sich 1794 ein Student der Hohen Carls-Schule, der spätere Professor der Naturwissenschaften Christoph Heinrich Pfaff, mit ein paar Freunden auf eine Fußreise über die Schwäbische Alb begab, »um eine angenehme Luft- und Weltveränderung zu machen«. Pfaff schrieb nämlich später in seinen »Phantasien und Bemerkungen auf einer Fußreise durch einen Theil der schwäbischen Alpe, im April 1794« über eine Begegnung mit Einheimischen am Fuß des Roßbergs: »Hier versammelten sich um uns viele Leute, die in dieser Gegend Holz sammelten und sich außerordentlich wunderten, da wir ihnen sagten, dass wir sogar noch den Roßberg besteigen würden, bloß um die Aussicht zu genießen.« Gustav Schwab schrieb in seinem ersten Wanderführer über die Schwäbische Alb 1823: »Es ist besonders bei den Tübingern althergebrachte Sitte, von allen Albgipfeln gerade den Roßberg zur Betrachtung des Sonnenaufgangs zu benützen.«

Blick vom Aussichtsturm über das Roßfeld

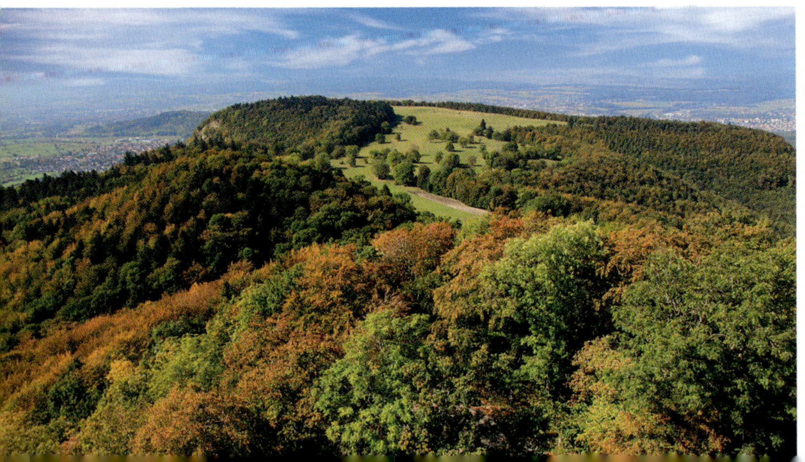

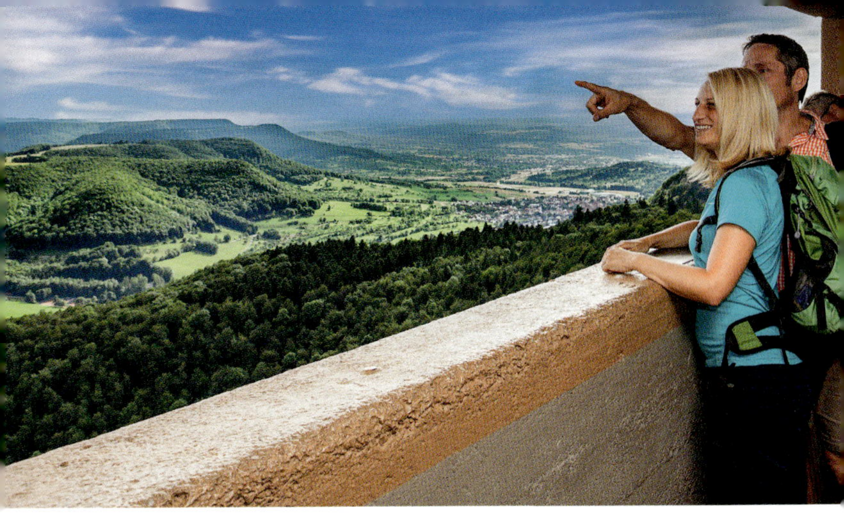

Vom Roßbergturm des Schwäbischen Albvereins bieten sich herrliche Blicke über die Albhochfläche und in die Täler.

Vorgänger des heutigen Turmes war ein Holzskelettturm aus Eichenstämmen, von dem der Albvereinspräsident damals hoffte, er werde »bis in ferne Generationen dauern und der Nachwelt Kunde von schwäbischer Naturfreude« geben. Der langjährige Vorsitzende Eugen Nägele meinte auch: »Wie ein König beherrschend über hunderte von Quadratmeilen hin…«. Danach errichtete der Schwäbische Albverein 1913 anlässlich seines 25-jährigen Jubiläums den 28 Meter hohen Turm in Stahlbetonbauweise, um seine Modernität und Leistungsfähigkeit zu zeigen. Bei einem Wettbewerb wurden 53 verschiedene Entwürfe eingereicht. Motive wie »Kirch-, Leucht- und Festungsturm, Taubenhaus, Fesselballon, Fernrohr, Kuppelbau, Flasche usf.« waren dabei, aber man wurde »am häufigsten an den Eiffelturm … erinnert«. Der Albverein entschloss sich dann zum Entwurf eines »Steinpilzes«, das als eines der ersten Bauwerke in Massivbeton errichtet wurde. Architekt war der Stuttgarter Karl Schweizer und zur Einweihung hieß es: »Als Denkmal schwäbischer Freude an der Natur und schwäbischen Gemeinsinns, das ungezählte Generationen heimat- und bergfroher Wanderer als Ziel und Obdach dienen möge.« Der Bau kostete 40 000 Mark, was heute etwa 172 000 Euro entsprechen würde. In den 1930er- und 1960er-Jahren kamen Erweiterungen dazu, und während der NS-Zeit befand sich hier ein Beobachtungsposten der Luftwaffe. Da man zur Bauzeit noch keine Rüttelmaschinen kannte und Sand und Kies nicht gewaschen wurden, wurde die Betonmasse im Laufe der Jahre porös und wasserdurchlässig. So musste der Turm 1991 renoviert werden. Beim Turm befindet sich auch ein Wanderheim. Das Besondere hier ist, dass wir es mit dem einzigen bewohnbaren Turm des Schwäbischen Albvereins zu tun haben – man kann sogar darin übernachten, gleich unter der verglasten Aussichtsplattform.

Im Nordosten sieht man den Albtrauf mit Urselberg, Wanne und Pfullinger Berg, Reutlingen und Pfullingen, im Südwesten den Filsenberg mit dem Maisenbühl und den Farrenberg. Nördlich liegt Tübingen und westlich Mössingen. Man erkennt auch den Schwarzwald, das Gäu, den Schönbuch, die Stuttgarter Gegend und den Stromberg. An seltenen Tagen reicht der Blick sogar bis zu den deutschen Alpen mit Zugspitze und Allgäu, den österreichischen Alpen in Vorarlberg und den Glarner und Berner Alpen in der Schweiz. Markante Punkte sind in den Alpen Schesaplana (157 km), Zimbaspitze (154 km), Rote Wand (150 km), Churfirsten (140 km), Zugspitze (175 km), im Allgäu Nebelhorn (140 km), Hohes Licht (150 km), Mädelegabel (150 km), Widderstein (145 km), im Schwarzwald Feldberg (103 km), Herzogenhorn (105 km), Kandel (92 km), Kniebis (64 km), Schliffkopf (70 km), Hornisgrinde (73 km), Badener Höhe (70 km), Hohlohturm (63 km), Büchenbronner Höhe (60 km), ansonsten Rotenberg (41 km), Kernen (42 km), Hohenstaufen (56 km), Hohenrechberg (61 km) und Bussen (42 km).

Im Roßberghaus des Schwäbischen Albvereins kann man den Aussichtsturm nicht nur besteigen, sondern auch in ihm übernachten.

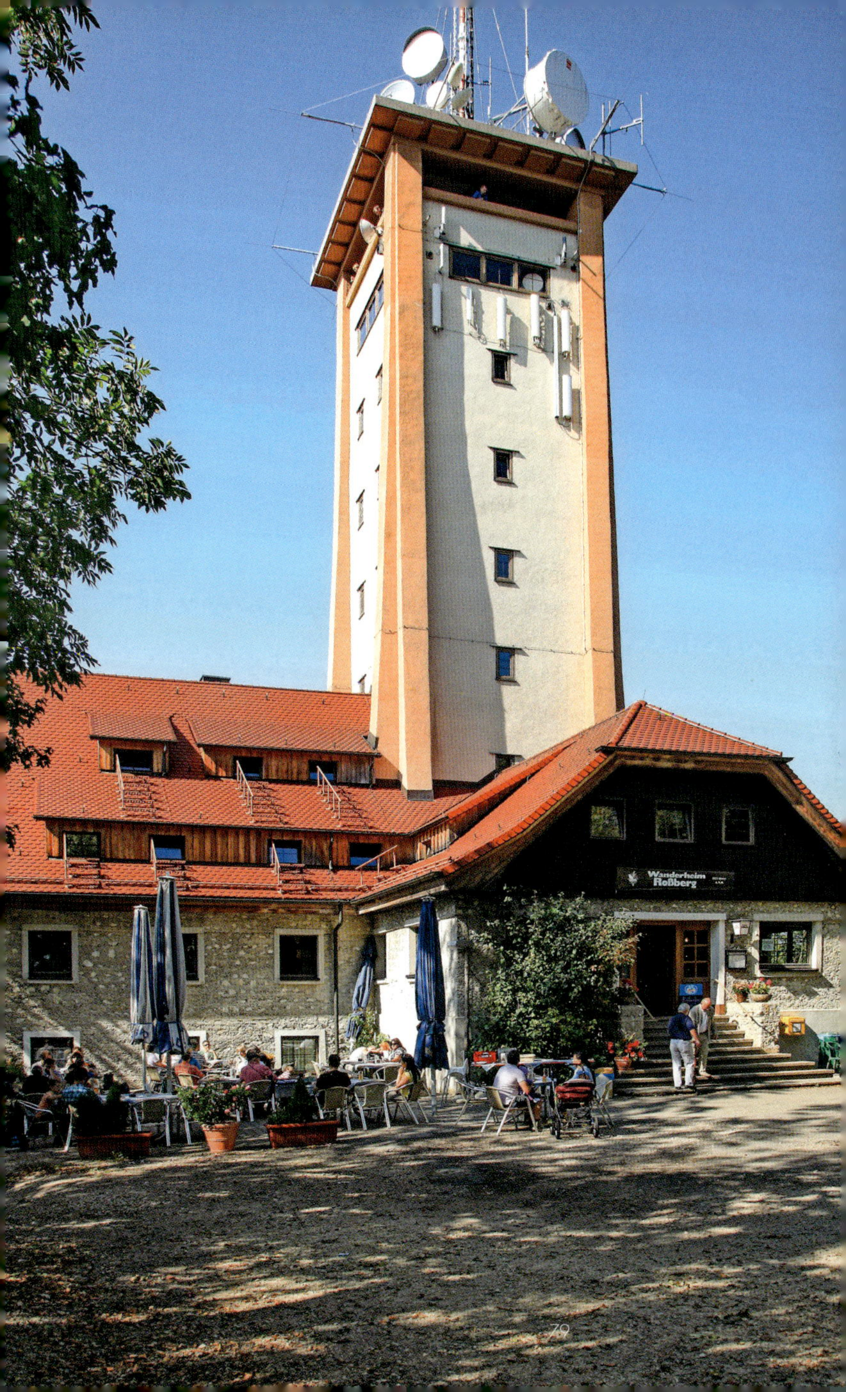
Wanderheim
Roßberg

12 hochgehträumt

Zur Nebelhöhle und zum Schloss Lichtenstein

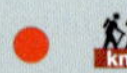
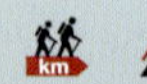
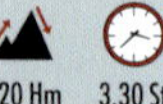

Mittel 10,9 km 220 Hm 3.30 Std.

Tourencharakter: Einfach zu gehende Wanderung, die auf der Albhochfläche auf festen Wegen und schmalen Naturpfaden verläuft.

Tourenverlauf: Nebelhöhle – Steinbruch – Schloss Lichtenstein – Gießstein – Nebelhöhle

Höchster Punkt: Parkplatz Nebelhöhle (830 m)

Einkehr: Lichtenstein, Altes Forsthaus, Nebelhöhle

Karten: Wanderkarte W242 Sonnenbühl, 1:25 000, Landesamt für Geoinformation und Landentwicklung Baden-Württemberg (LGL) in Zusammenarbeit mit dem Schwäbischen Albverein e. V.; Wanderkarte mit Radwegen, 52 536, Lichtenstein Trochtelfingen, 1:25 000, NaturNavi

Informationen: hoehlen.sonnenbuehl.de; www.schloss-lichtenstein.de

Hinweis: Empfehlenswert sind der Besuch der Nebelhöhle und von Schloss Lichtenstein. Man sollte sich aber vorher nach den Öffnungszeiten erkundigen.

Sowohl die Nebelhöhle als auch Schloss Lichtenstein zählen zu den Hauptattraktionen auf der Schwäbischen Alb. Dazu erleben wir die typische Landschaft der Albhochfläche und auf dem Weg zum Gießstein jede Menge weitere Aussichtspunkte.

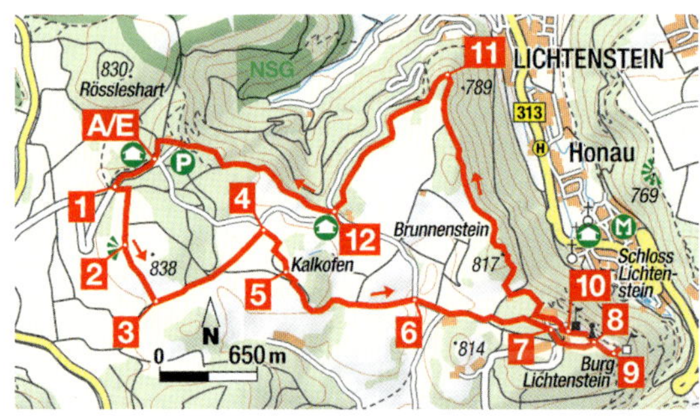

Mit Aussicht zum Steinbruch Am Parkplatz oberhalb der Nebelhöhle befindet sich bei der Bushaltestelle das Wanderschild Parkplatz Nebelhöhle (807 m). Von dort gehen wir hinab zu den Gebäuden. Beim Spielplatz steht das Schild südlich Nebelhöhle (806 m). Hier biegen wir links ab und folgen dem rechts der Straße verlaufenden Fußweg. Wo dieser beim Schild südwestlich Nebelhöhle (808 m) auf die Straße trifft, werden wir nach links verwiesen.

Auf dem Feldbergweg gehen wir am Waldrand entlang bis zum Schild **nordwestlich Feldberg** (814 m) ❶. Hier halten wir uns rechts. Bald bietet sich uns nach rechts ein wunderschöner Blick über die interessant strukturierte Landschaft.

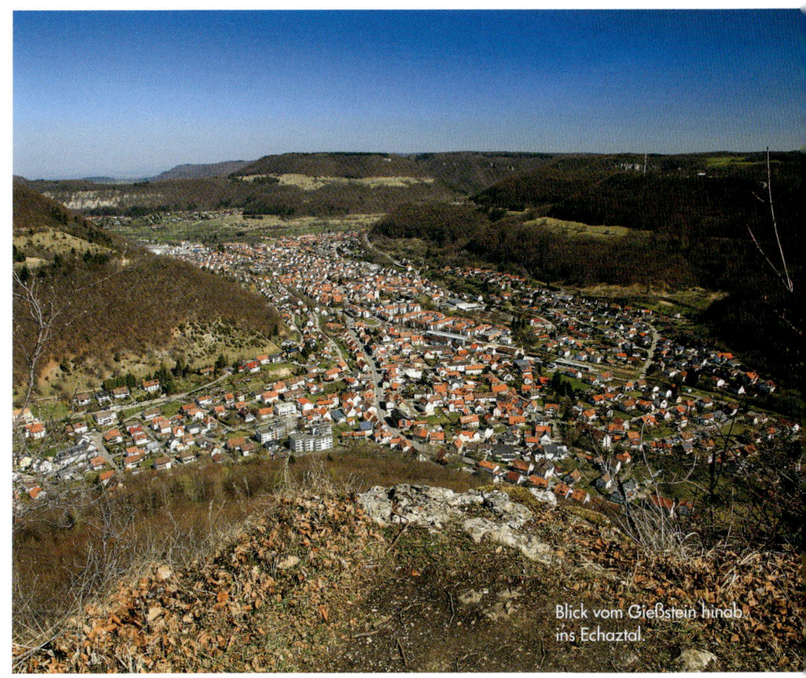
Blick vom Gießstein hinab ins Echaztal.

Wir passieren die Schilder **Aussicht Feldberg** (826 m) 2, Feldberg (827 m) und Feldberg Süd (807 m). Am Schild **nordwestlich Alteschbühl** (804 m) 3 biegen wir links ab. Nach dem Schild Am Steinbruch nordwest (810 m) wandern wir am Steinbruch vorbei. Am Schild Steinbruch Nord (802 m) vorbei kommen wir zum Schild **nordwestlich Kalkofen** (803 m) 4. Hier biegen wir rechts ab und folgen dem Feldweg in weiten Schwüngen aufwärts.

Ausgangspunkt

Sonnenbühl, Parkplatz Nebelhöhle, 830 m, GPS-Koordinaten 48.416405, 9.221359; die beiden wichtigsten Ausgangspunkte für diese Tour sind die Nebelhöhle und Schloss Lichtenstein. Die Beschreibung beginnt beim Parkplatz der Nebelhöhle, weil dort das Parken kostenlos ist. Ein weiterer Parkplatz befindet sich beim Kalkofen. Plant man Schloss Lichtenstein zu besichtigen, beginnt man am besten dort und schaut sich zuerst das Schloss an – morgens ist der Andrang vielleicht noch nicht so groß wie später nach der Tour.

Parkartige Landschaft bis Schloss Lichtenstein Wir gehen am Schild westlich Kalkofen (820 m) vorüber und erreichen die Anhöhe. Beim Schild südlich Kalkofen (826 m) biegen wir rechts ab und kommen zum Zaun des Steinbruchs mit dem Schild **Am Steinbruch Nordost** (824 m) 5. Hier halten wir uns links.

Anfahrt

Auto: B27, B312 und B313 bis nach Pfullingen. Dann in der Klosterstraße zurück in die Stadt und in der Stuhlsteige hinauf nach Genkingen. Vor dem Ort scharf links abbiegen und hinauf zur Nebelhöhle; ÖPNV: Bahn bis Reutlingen dann Bus zur Haltestelle Schloss Lichtenstein Haltestelle Aufberg. Von dort sind es 20 Minuten zum Schloss; dann beginnt man die Wanderung dort (www.efa-bw.de)

Es folgt das Schild Steinbruch Nord (819 m). Vor dem Wald zieht der Weg etwas nach rechts, dann wandern wir am Zaun entlang. Am Schild östlich Mittlerer Teich (784 m) knickt der Pfad scharf links ab. Nach einem Stück Wald streifen wir durch eine Landschaft, die mit ihren weiten Wiesenflächen, vereinzelten Bäumen und Gebüschen fast wie ein englischer Landschaftspark wirkt. Im Hintergrund kann man bereits den Turm von Schloss Lichtenstein über dem Wald erblicken.

Wir passieren das Schild südwestlich Gekweid (775 m) und wandern hinab zu einer Straße und dem Schild **nordwestlich Aufberg** (749 m) 6. Auf ihr gehen wir nach rechts weiter. Nach einer Linkskurve kommen wir zum Waldrand mit dem Schild Hüllhalde Südwest (756 m). Die Straße zieht hier nach rechts, wir gehen aber auf dem Weg gleich dahinter im Wald nach rechts hinauf.

An einer Verzweigung beim Schild Hüllhalde Südost (777 m) halten wir uns rechts. Durch den Abenteuerpark mit dem Klettergarten erreichen wir die **Straße** 7. Rechts liegt der Parkplatz von Schloss Lichtenstein. Wir orientieren uns rechts, dann gleich links. Direkt danach beim Schild unterhalb

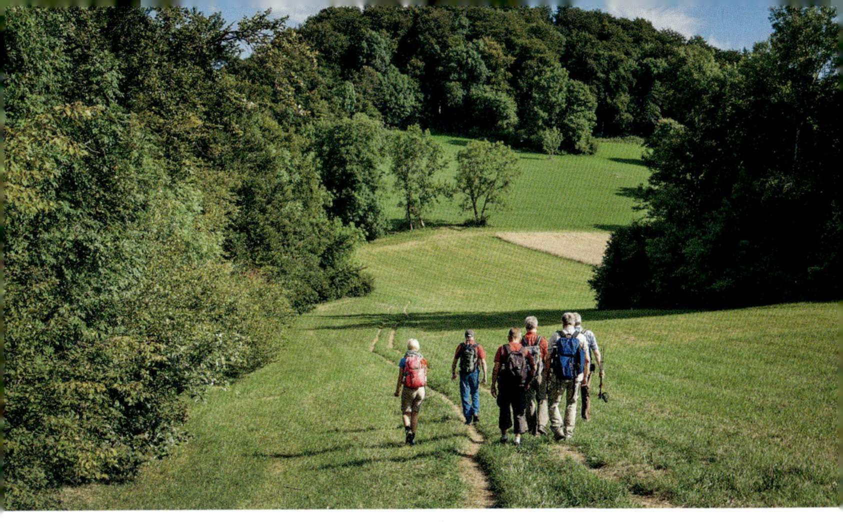

Wanderer beim Linsenbühl zwischen Gießstein und Schloss Lichtenstein.

Schloss Lichtenstein (798 m) zweigen wir rechts ab. Mit schönem Blick nach links zu der Anlage des Schlosses gehen wir durch eine parkähnliche Anlage zum **Trauf** 8. Am Schild Wilhelm-Hauff-Denkmal (788 m) machen wir nach rechts einen Abstecher zur **Ruine Alt-Lichtenstein** (795 m) 9, die sich links dieses Schildes befindet. Hier und auf dem Weg bietet sich eine prächtige Aussicht hinab ins Echaztal und zu den Felsen des Traifelbergs auf der anderen Seite.

Schloss Lichtenstein

Das württembergische »Märchenschloss« Lichtenstein ist auch eine der merkwürdigsten literarischen Besonderheiten des Landes. Die Stelle, an der die spärlichen Ruinen der Vorgängerburg standen, wurde bekannt durch den 1826 erschienenen gleichnamigen Roman von Wilhelm Hauff. Das Schloss war aber nicht das reale Vorbild der Geschichte von der Vertreibung des ungeliebten Herzogs Ulrich, der sich vor seinen Verfolgern angeblich auch in der Nebelhöhle versteckt haben soll, es wurde nämlich erst 1840/1841 im Stil des Historismus erbaut. Eine erste Burg anstelle des heutigen Schlosses entstand 1100 bis 1150 durch die Herren von Lichtenstein. Ende des 14. Jahrhunderts kam sie an Württemberg. Während das »Alte« Lichtenstein nach 1311 in seinen Trümmern liegen blieb, wurde diese Burg erneuert. 1837 erwarb Herzog Wilhelm von Urach, Graf von Württemberg, den Besitz und ließ das heutige Schloss erbauen.

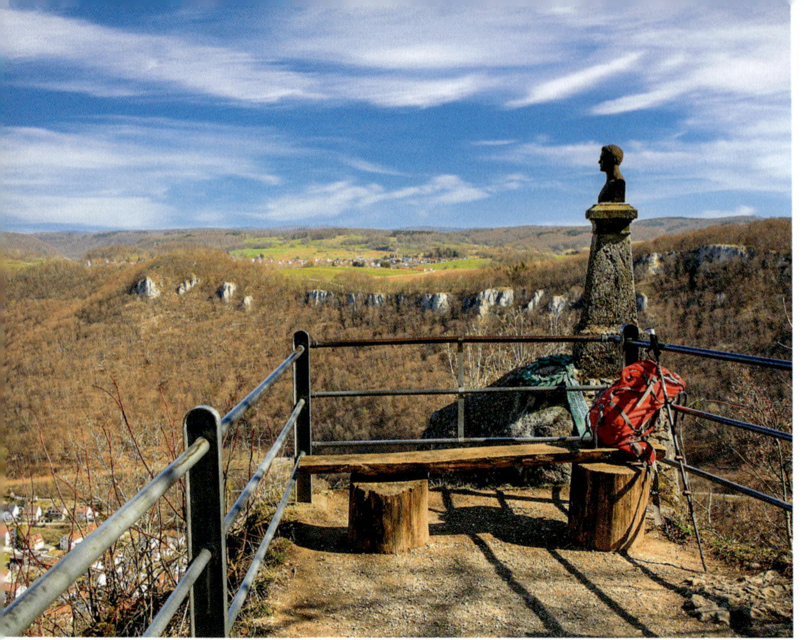

Vom Hauff-Denkmal hat man einen weiten Blick über die hinter dem Echaztal gelegene Albhochfläche und die Felsen des Albtraufs.

Danach gehen wir wieder hinauf und wandern am Steilabfall entlang. Wir sehen die Geologische Pyramide, danach das Denkmal für den Dichter Wilhelm Hauff. Nun führt der Weg links unterhalb der

Nebelhöhle

Die etwa 380 Meter lange Nebelhöhle entstand wie auch die anderen Höhlen im Kalktuff durch die Auflösung des Kalksteines und die mechanische Ausräumung des Wassers. Die alte Nebelhöhle wurde bereits 1486 erwähnt, bekannter wurde sie aber erst, als Kurfürst Friedrich I. sie 1803 besuchte bzw. sich ein Teil von Wilhelm Hauffs Bestsellerroman »Lichtenstein« in ihr abspielte. Nach der Sage soll sich nämlich Graf Ulrich auf seiner Flucht hier aufgehalten haben. Die neue Höhle wurde 1920 entdeckt. In ihr herrschen konstant eine Temperatur von 9,5 °C und eine Luftfeuchtigkeit von 98 Prozent. Die Wiese oberhalb der Höhle ist Schauplatz des alljährlich stattfindenden Nebelhöhlenfestes. Dessen Tradition reicht zurück bis zu Kurfürst Friedrich I., der seit seinem Besuch hier jedes Jahr ein Frühlingsfest abhielt. Das Fest hat aber auch politische Wurzeln – nach dem Vorbild des berühmten Hambacher Festes 1832 gab es hier Kundgebungen. Der Höhepunkt war wohl in den Revolutionsjahren 1848/1849, als viele Bürger demokratische Rechte einforderten.

Schlossanlage entlang, danach geht es nach rechts zum **Schlosseingang** ⑩.

Weiter zum Gießbühl Wir gehen geradeaus weiter und kommen zum Alten Forsthaus (809 m). Hier folgen wir dem Schild zur »Nebelhöhle« kurz bergab, biegen aber am Schild Altes Forsthaus West (795 m) rechts ab. Gleich danach am Schild Altes Forsthaus Nord (792 m) geht es nach links bergab zum Schild Schlösslessteige (771 m). Ab jetzt geht es immer etwas bergauf und bergab. Wir erreichen zuerst den Linsenbühl (817 m), dessen Aussicht aber leider zugewachsen ist. Nach links sehen wir wieder die parkartige Landschaft.

Das Schild südlich Breitenstein (889 m) passieren wir. Am rechts liegenden Felskopf Breitenstein bietet sich ein prächtiger Blick auf Schloss Lichtenstein. Etwas später mündet unser Pfad in einen breiten Forstweg.

Blick auf die Anlage von Schloss Lichtenstein von der Bergseite.

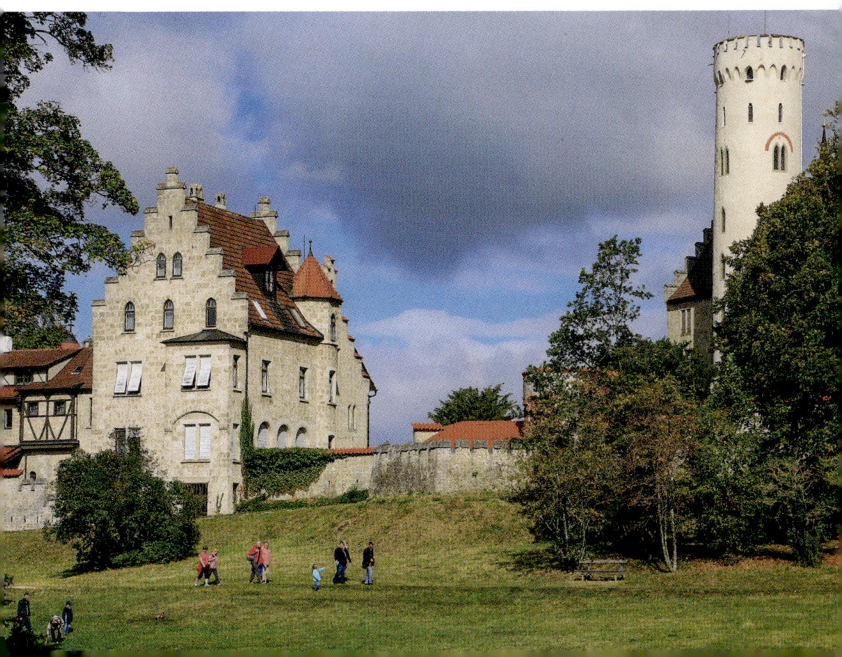

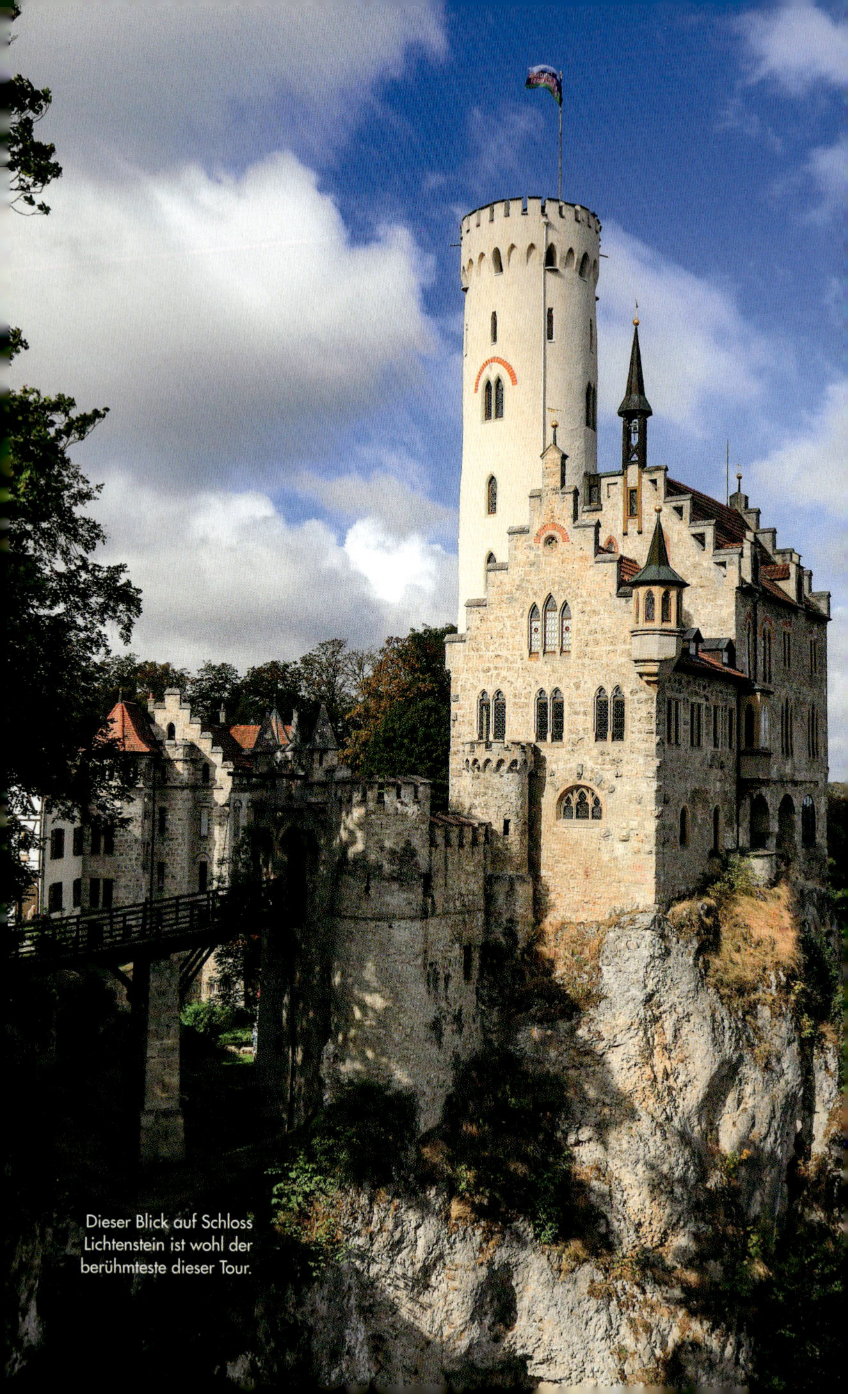

Dieser Blick auf Schloss Lichtenstein ist wohl der berühmteste dieser Tour.

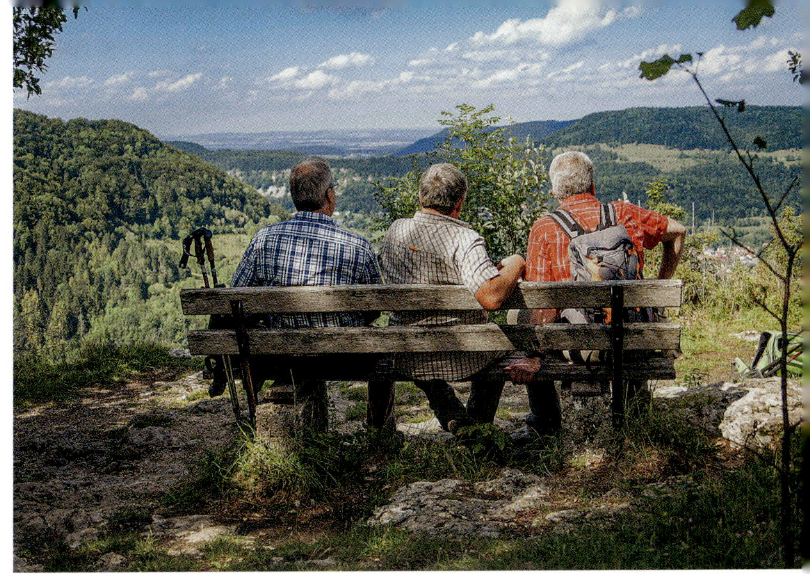

Am Gießstein kann man die Aussicht hinab ins Echaztal genießen.

Auf ihm gehen wir geradeaus weiter hinauf zum **Gießstein** (788 m) **11**, den wir hinter der großen Antenne erreichen. Auch von ihm aus bietet sich uns eine prächtige Aussicht hinab ins Echaztal und nach Lichtenstein.

Zurück zur Nebelhöhle Der Weg führt vorbei am Schild beim Gießstein (753 m) und bringt uns nach einer Weile zu einer **Straße** **12**. Links liegt der Parkplatz Kalkofen. Wir gehen aber auf die andere Straßenseite zum Schild Kalkofenhütte (761 m). Dort folgen wir dem breiten Forstweg, der uns immer leicht ansteigend zu einer Verzweigung im Wald bringt.
Hier nehmen wir den rechten Weg. Er geht bald in einen Pfad über und bringt uns zu den Parkplätzen der Nebelhöhle. Am Schild Nebelhöhle Festplatz (820 m) gehen wir entweder nach links in Richtung Bushaltestelle bzw. zu unserem Auto; wer am Schloss Lichtenstein gestartet ist, folgt dem Zeichen hinab zur Nebelhöhle. Von dort aus geht es wie oben beschrieben zu Schloss Lichtenstein.

13 hochgehhütet

Herrliche Natur auf dem Beutenlay

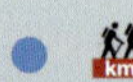

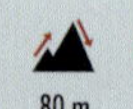
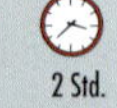

Leicht 4 km 80 m 2 Std.

Tourencharakter: Wir wandern überwiegend auf unbefestigten Graswegen, nur entlang der Bahnlinie auf einem Schotter- beziehungsweise Asphaltweg. Alternative Ausgangspunkte sind das Schützenheim, der Bahnhof Münsingen (1,3 km) und die Beutenlayhalle (0,7 km).

Tourenverlauf: Münsingen/Wanderparkplatz Hofgut Hopfenburg – Beutenlay – Aussichtspunkt – Bahnlinie – Schützenhaus – Aussichtspavillon – Feld-Flora-Reservat – Parkplatz

Ausgangspunkt: Münsingen (Wanderparkplatz beim Hofgut Hopfenburg), 777 m, GPS-Koordinaten: 48.402843, 9.508560

Höchster Punkt: Heutalblick, 791 m

Anfahrt: Auto: B27 und B312 bis Metzingen, B313 bis Bad Urach, B465 bis Münsingen; ÖPNV: Bahn bis Reutlingen oder Bad Urach, weiter mit dem Bus (www.efa-bw.de)

Einkehr: Münsingen, Grillmöglichkeiten: Am Parkplatz

Wir wandern auf weichen Wiesenwegen durch die fast parkartige Landschaft des Beutenlay zu einem Aussichtspunkt. Interessante Informationstafeln, zahlreiche Bänke und Rastgelegenheiten machen diesen Spaziergang zum reinsten Vergnügen.

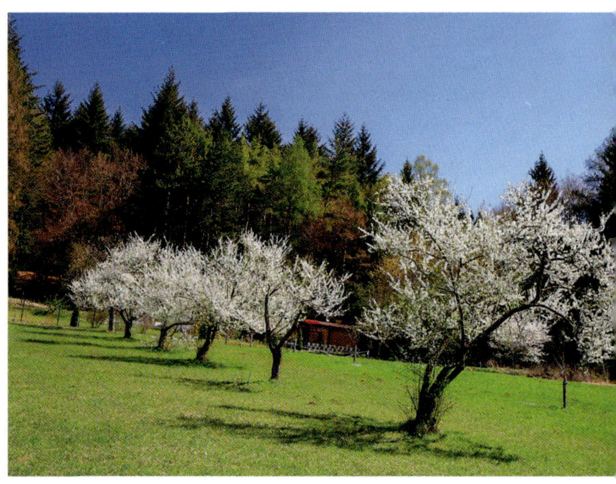

Landschaftlich reizvoll zum Schützenhaus Wir gehen vom **Parkplatz** aus hinter die Schranke, wo wir einen großen Rastplatz mit Grillstelle sehen. An dieser Anlage spazieren wir links vorbei. Wer sich dafür interessiert: Rechts am Zaun des Campingplatzes wurden 90 Birn- und 270 Apfelbäume angepflanzt, die auf Tafeln erklärt werden.
Ansonsten schlendern wir durch die aufgelockerte Landschaft und sehen einen Hutewald, Weidbuchen, Wacholder und je nach Jahreszeit Orchideen.

An der ehemaligen **Fichtenversuchsfläche** 1 kommen wir später auf dem rechts abgehenden Weg wieder zurück, jetzt wandern wir aber geradeaus weiter. Es folgt eine mächtige **Weidbuche** 2, dann erreichen wir den Steilabfall. Hier kann man sich auf zahlreichen Bänken ausruhen und den Blick hinab ins Tal genießen. Eine Bronzetafel etwas weiter rechts in Richtung Wald zeigt die Richtung an, in welcher europäische Hauptstädte liegen.

Kurz nach dem Rechtsbogen des **Weges** 3 können wir auf einem Grasweg hinab zur Bahnlinie gehen. Vor ihr biegen wir rechts ab und wandern immer an ihr entlang. Später geht der Schotterweg in ein Asphaltsträßchen über, kurz darauf gelangen wir zum **Schützenhaus** 4.

Karten

Freizeitkarte F524 Bad Urach, 1:50 000, Landesamt für Geoinformation und Landentwicklung Baden-Württemberg (LGL)

Wanderkarte mit Radwegen Münsingen Laichingen Blatt 54-537, 1:25 000, NaturNavi

Über den Aussichtspavillon ins Feld-Flora-Reservat Hier zweigen wir rechts ab und marschieren direkt vor dem Gebäude auf dem Grasweg am Nordhang des Beutenlay bergauf. Nach einem querenden Weg geht es relativ eben weiter. Rechts oben sehen wir bald den **Aussichtspavillon** 5, zu dem wir vor dem nächsten Wald hinaufsteigen. Er bietet uns einen schönen Blick hinab nach Münsingen und nach Westen. Um ihn herum laden zahlreiche Bänke zur Rast.

Danach wandern wir geradeaus durch den Wald weiter. Kurz vor der Informationstafel zum Hutewald biegen wir links ab und treten hinaus auf eine große Lichtung mit dem **Feld-Flora-Reservat** 6. Dort biegen wir

Linke Seite: Im Frühjahr bezaubert die Blütenpracht.

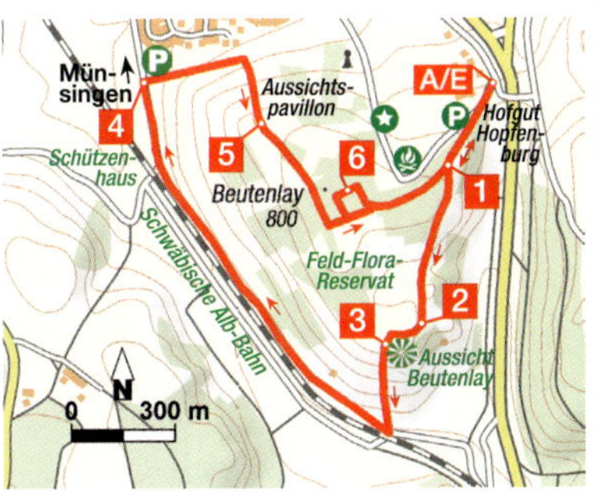

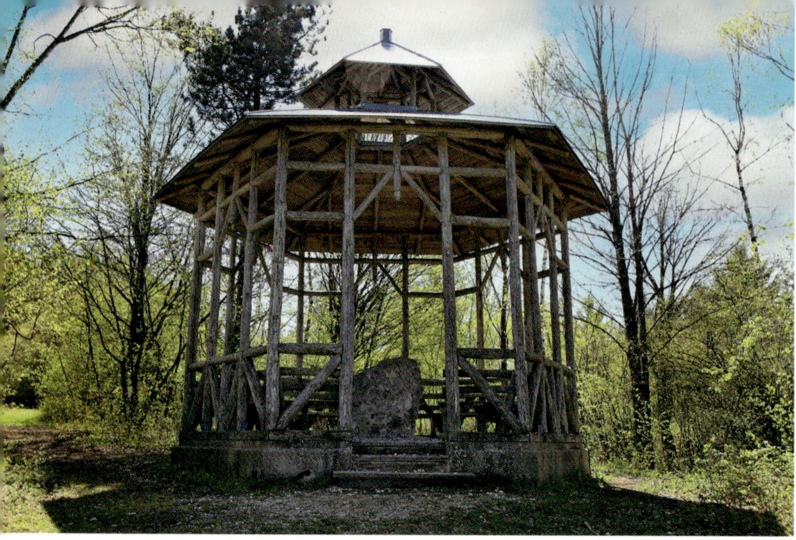

Der Aussichtspavillon ist auch architektonisch reizvoll.

am Schild Reiseziel Wiese links ab und gehen über die Enzianwiese zum Rastplatz. Um diesen Rastplatz wachsen im Frühjahr zahlreiche Küchenschellen. Wer will, hält sich hier rechts und spaziert geradeaus weiter. Interessanter ist es allerdings, wenn wir zum gegenüberliegenden Waldrand gehen. Dort sind nicht nur die Pflanzen auf Tafeln erklärt, man findet auch Erläuterungen zur Dreifelderwirtschaft und zu den

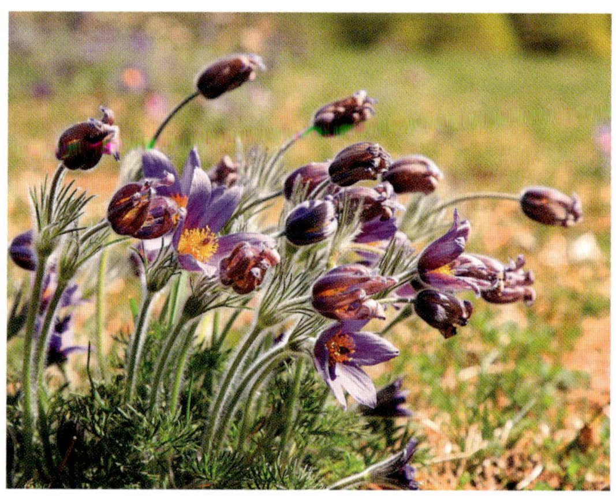

Im Frühjahr kann man sich an reichen Beständen von Küchenschellen erfreuen.

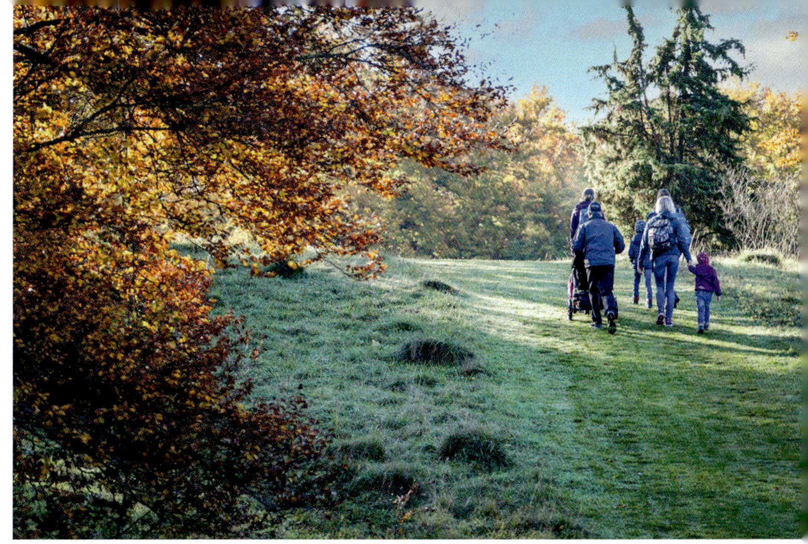

Die Wanderwege auf dem Beutenlay sind für Jung und Alt geeignet.

verschiedenen Feldern, die jeweils mit einem anderen Getreide bepflanzt sind.
Wir biegen zweimal rechts ab und erreichen den Wiesenweg, der von rechts vom Rastplatz kommt. Auf ihm gehen wir nach links weiter. Nach der Schneise durch den Wald gelangen wir zur bekannten ehemaligen **Fichtenversuchsfläche** 1, nun geht es auf bekanntem Wege zurück zum Ausgangspunkt.

Beutenlay

Der etwa 100 Hektar große Beutenlay gehört zu den zahlreichen charakteristischen Weidekuppen, die für die Münsinger Kuppenalb typisch sind. Die Wacholderheide wird vom Schäfer gepflegt. Interessant ist das Feld-Flora-Reservat, in dem die über Jahrhunderte bewährte Dreifelderwirtschaft der Schwäbischen Alb gezeigt wird. In dem Gebiet befinden sich auch ein Arboretum mit mehr als 30 verschiedenen Baumarten, eine Strauchartensammlung sowie alte Hutebuchen. Bei der Fichtenversuchsfläche wurden in Verbindung mit einer europaweiten Versuchsreihe Fichten aus 169 unterschiedlichen Herkunftsgebieten gepflanzt. Einen Preis hat der Beutenlay auch schon bekommen: Wegen der artenreichen Fauna und der besonderen Botanik wurde er mit der Silberpflanze des deutschen Naturschutzrings ausgezeichnet. Unter anderem findet man hier mächtige Weidbuchen, typische Wacholder, Küchenschellen, Frühlingsenziane, Orchideen und noch viele weitere seltene Pflanzen.

Immer reizvoll ist eine Eisenbahn in ursprünglicher Natur, so wie hier am Fuß des Beutenlay.

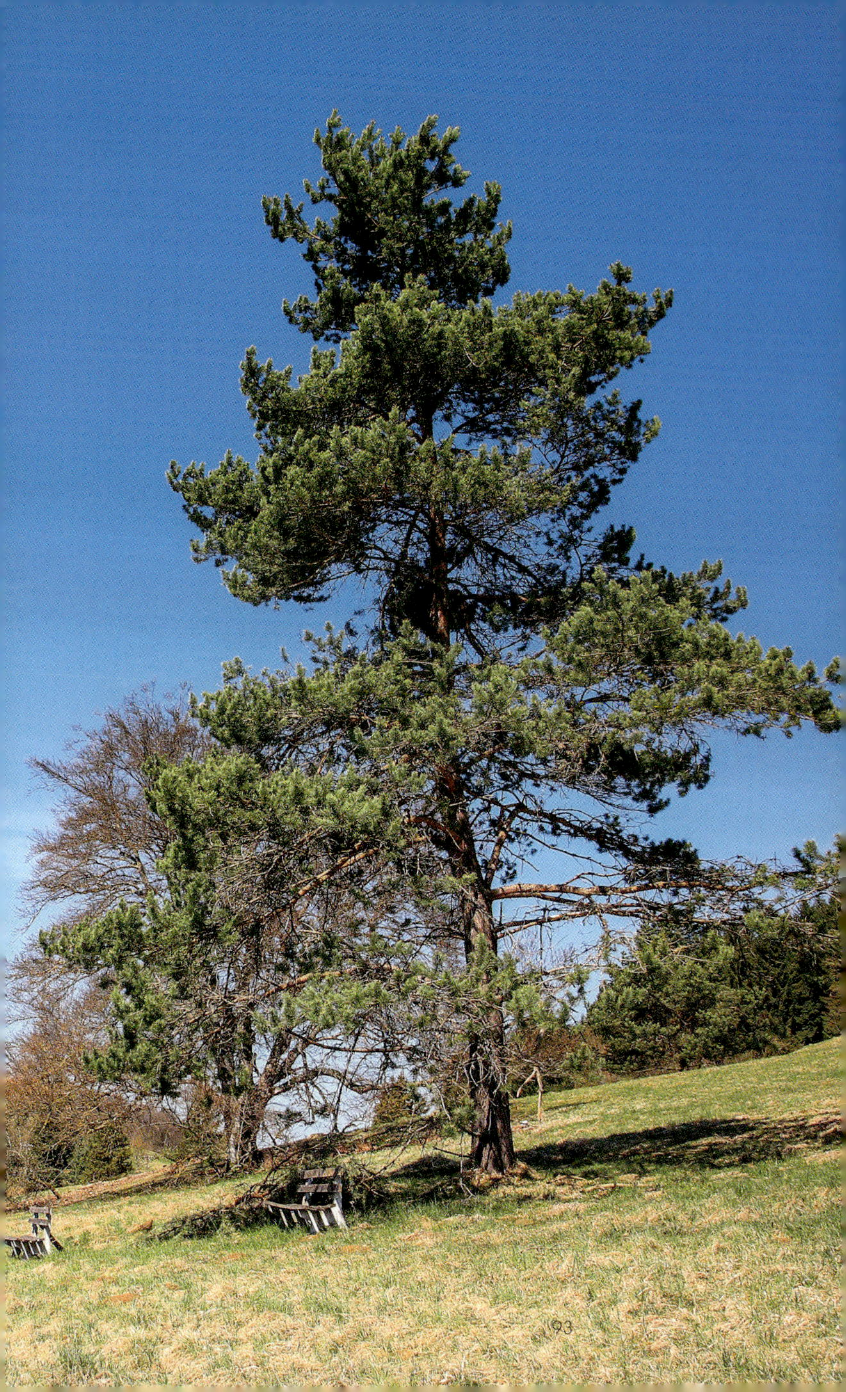

14 hochgehsprudelt

Aussichtsturm und Wacholderheide

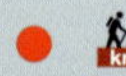 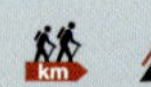 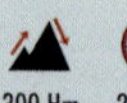 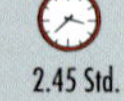

Mittel | 8,7 km | 300 Hm | 2.45 Std.

Tourenverlauf: Gomadingen/Sternbergparkplatz – Brünnele – Wanderheim – Aussichtsturm – Sternbergwiese – Hennental – Sternbergwiese – Parkplatz

Ausgangspunkt: Gomadingen (Wanderparkplatz Braikestal, von der K6734 abzweigen in Richtung »Sternbergparkplatz«), 760 m, GPS-Koordinaten: 48.389052, 9.368955

Höchster Punkt: Sternbergturm, 844 m

Anfahrt: Auto: B27, B312, B313 bis Traifelberg, weiter auf der L230 in Richtung Gomadingen, der Parkplatz liegt südlich von Offenhausen; ÖPNV: Bahn bis Reutlingen, Bus bis Gomandingen, dann die Tour dort beginnen (www.efa-bw.de)

Einkehr: Wanderheim Sternberg, Grillmöglichkeiten: Am unteren Ende auf der zweiten Sternbergwiese

Informationen: www.gomadingen.de

Wir wandern bei dieser Tour zu großen Teilen im Wald, aber auch einige Zeit durch Freiflächen mit Trocken- und Halbtrockenrasen und seltener Flora. Von ihnen hat man eine prächtige Aussicht, noch schöner aber ist der Blick vom Sternbergturm des Schwäbischen Albvereins.

Durch den Wald zum Aussichtsturm Wir gehen vom **Parkplatz** auf dem Anfahrtsweg etwas zurück. Wo es nach links zur Bundesstraße geht, wandern wir geradeaus weiter. Etwas später berührt der Forstweg beinahe die Landstraße. Hier biegen wir rechts ab und kommen nach einer Linkskurve in den **Wald** ❶. Der Weg steigt sanft an, es folgen eine Rechts- und eine Linkskurve. In dieser zweigen wir rechts ab auf einen steil ansteigenden **Pfad** ❷. Er bringt uns zu einem

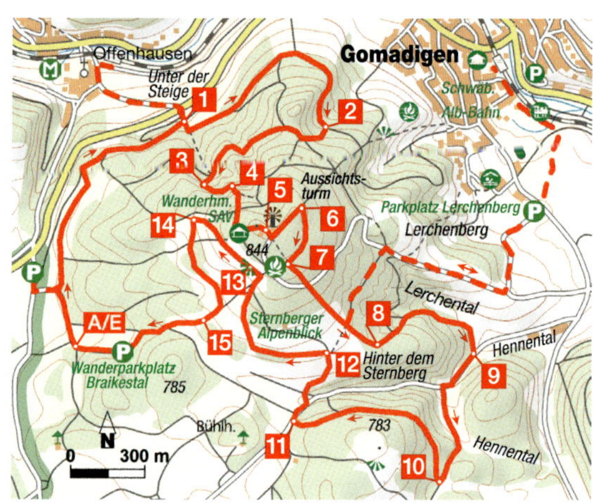

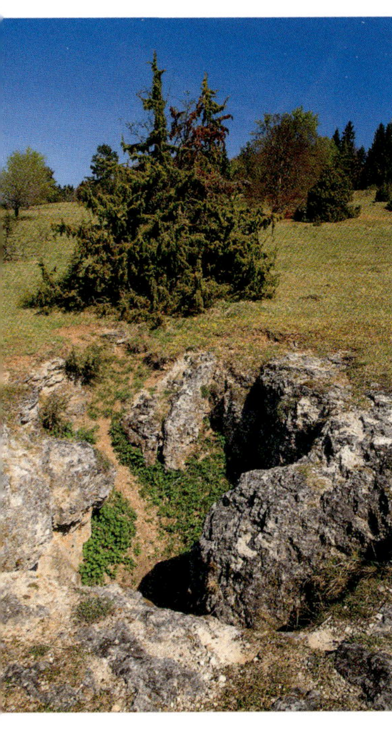

Karten

Wanderkarte W243 Bad Urach, 1:25 000, Grsg. Schwäbischer Albverein e. V., Kartographie: Landesamt für Geoinformation und Landentwicklung Baden-Württemberg (LGL)

Wanderkarte mit Radwegen Lichtenstein Trochtelfingen Blatt 52-536, 1:25 000, NaturNavi

Tourencharakter

Wir wandern auf Naturwegen und Forstwegen. Alternative Ausgangspunkte sind die Parkplätze Sternberg gleich am Abzweig von der K6734 (0,2 km), Lerchenberg in Gomadingen (1,3 km) und Gestütshof Offenhausen (0,5 km) sowie die Bahnhöfe Gomadingen (1,9 km) und Offenhausen (0,5 km).

Forstweg, dem wir nach rechts folgen. Wir ignorieren die beiden rechts abgehenden unbefestigten Wege und wandern bis zu einer scharfen Rechtskurve. An ihrem Anfang nehmen wir den links abgehenden **Steig** 3 mit dem Zeichen gelbes Dreieck und Burgenweg.
Nun geht's bergauf. Wir passieren einige markante Felsen und gelangen zu einer Verzweigung, an der wir dem Weg nach links zum »Brünnele« folgen. Das **Brünnele** 4 entstand auf einer wasserstauenden Schicht aus Melilith-Basalt auf einem ehemaligen Vulkanschlot. Danach führt uns der Pfad zu einem Aussichtspunkt. Allzu viel ist zwar nicht zu sehen, aber man hat die Wälder der Albhochfläche im Blick, und das Schloss Lichtenstein erscheint in der Ferne wie eine Perle in den Wäldern.

Geologisch interessant sind die in die Kalkfelsen eingebrochenen Stellen.

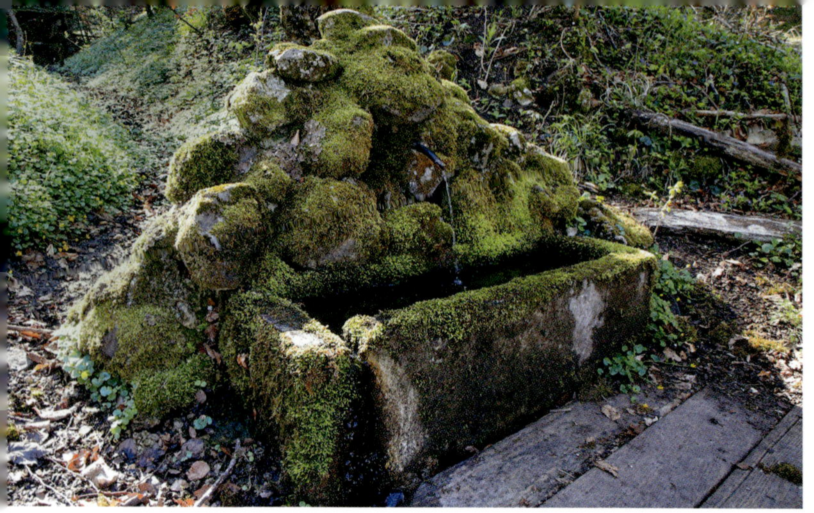

Mitten im Wald wird man vom »Brünnele« überrascht.

Zurück am Brünnele nehmen wir den links abgehenden Pfad, der uns zum ursprünglichen Wanderweg bringt. Wir steigen nach links weiter auf, überqueren einen Forstweg und erreichen kurz darauf das **Wanderheim Sternberg** 5. Zum **Aussichtsturm** 6 geht es nach links.

Über die Sternbergwiese zur Dolomitsandgrube Nach der Turmbesteigung gehen wir zu dem unterhalb verlaufenden Weg hinab und halten uns rechts. Wo der mit den Zeichen roter Balken für den HW 5 und Burgenweg markierte **Pfad** 7 kreuzt, folgen wir ihm nach links abwärts. Wir überqueren einen Forstweg und verlassen bald darauf den Wald.

Nun geht es auf der linken Seite der **Sternbergwiese** weiter hinab. Auf dieser finden wir einen Trocken- und Halbtrockenrasen mit der dafür typischen Flora. Es gibt Silberdisteln, Wacholder, Küchenschellen, Enziane und andere an den Magerrasen angepasste Pflanzen sowie Dolinen und markante Buchen.

Auf der linken Seite befindet sich im Wald eine **Dolomitsandgrube**. Hier im Riff des Jurameeres entstanden vor 150 Millionen Jahren zwei Arten von Mineralien: Kalkspat und Dolomitspat. Im Dolomitgestein sind beide Arten gemischt. Bei der Verwitterung löste sich Kalkspat schneller auf, wodurch nur Dolomitspat und schließlich Dolomitsand übrig blieb. Dieser wurde in Gruben oder Gängen von der Bevölkerung abgebaut, um ein zusätzliches Einkommen zu erzielen. Nach dem ersten Weltkrieg war aber durch die besseren Verkehrswege auch Quarzsand verfügbar, der besser zu verarbeiten war, wodurch der Abbau von Dolomitsand zum Erliegen kam. Wegen der besonderen Flora um die ehemaligen Gruben sind diese aber schützenswert.

Auf Waldwegen zum Aussichtspunkt Wo wir wieder in den Wald kommen, folgen wir dem **Pfad** 8 nach links. Er bringt uns hinab zu einem breiten Forstweg, auf dem wir entlang des Lerchentals nach rechts zu einem **asphaltierten Weg (Hennental)** 9 gehen. Hier wandern wir nach rechts weiter. Wo der Asphaltweg in den Wald zieht, biegen wir links ab in einen Schotterweg. Er führt nach etwas Anstieg nach links in den **Wald** 10 und beschreibt kurz darauf eine scharfe Rechtskurve. Später zieht er nach links und führt uns bis zu einem querenden Weg am **Waldende** 11. Hier orientieren wir

Aufstieg zum Sternberg

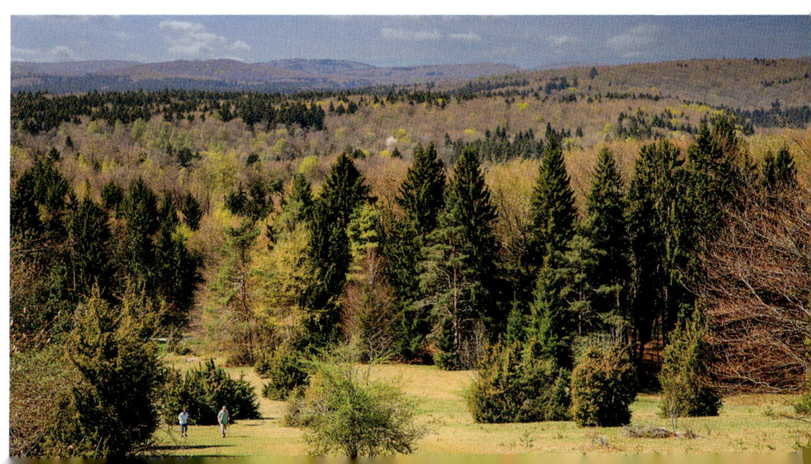

uns rechts, an der nächsten Verzweigung nach der breiten Schneise nehmen wir den linken Weg und kommen bald wieder zu der Sternbergwiese, die wir noch von vorhin kennen. Wir wandern etwas bergauf, bis sich die Wege teilen **(Hinter dem Sternberg)** ⓬, und entscheiden uns für den nach links führenden von ihnen.

Bald verengt sich die Wiese bei einer markanten vierstämmigen Buche, wo man nach links auch einen weiten Blick in die Ferne hat. Danach halten wir uns an der Verzweigung rechts. Immer entlang des Waldrands steigen wir über die Wiese bergauf und biegen dort links ab zum **Sternberger Alpenblick** ⓭. Nun sind wir auf einem wunderbaren Panoramaweg, denn von hier aus bietet sich ein weiter Blick über die Wälder der Schwäbischen Alb und bis zu den fernen Alpen.

Aussichtsturm Sternberg

Ein erster Turm auf dem Sternberg wurde 1894 als zehn Meter hohes Aussichtsgerüst errichtet. Es saß auf dem Astknoten eines Baums und wurde mit drei schmalen Treppen erstiegen. Nachdem dieses zusammengebrochen war, wurde 1905 ein 26 Meter hoher Turm als verschalte Holzkonstruktion auf einem Betonsockel errichtet. Dieser wurde 1952 wieder abgerissen, stattdessen errichtete man 1953 etwa 100 Meter weiter östlich einen 32 Meter hohen Holzturm. Man überblickt von hier die Albhochfläche und sieht hinab zur Lauterquelle in Offenhausen. Auf dem Sockel des ehemaligen Turms wurde das Wanderheim Sternberg des Schwäbischen Albvereins errichtet.

Rückweg mit Grillmöglichkeit Etwas später verläuft der Weg nach links etwas bergab, bis wir auf den **Waldrand** ⓮ stoßen. Nun gehen wir nach links weiter, queren einen Pfad und wandern danach durch eine schmale Schneise bis zu der großen Wiese, die wir noch von vorhin kennen. Hier geht es nach rechts abwärts.

Vorbei an einem **Grillplatz** ⓯ erreichen wir das Braikestal, wo wir auf einen Schotterweg stoßen. Nach rechts bringt er uns in den Wald. An der Verzweigung am Waldrand nehmen wir den mit dem roten Balken nach links führenden Weg und kommen zurück zum Ausgangspunkt.

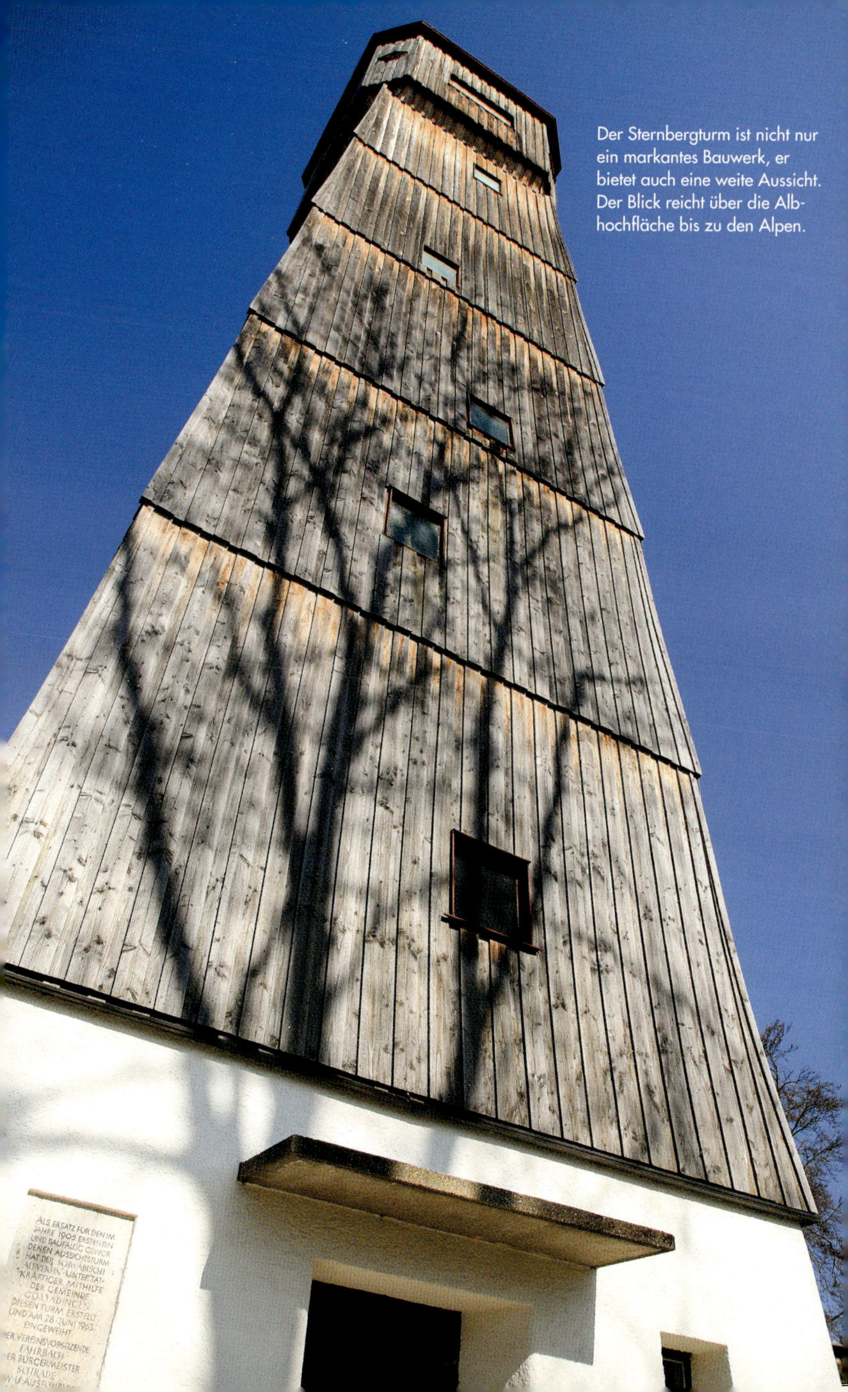

Der Sternbergturm ist nicht nur ein markantes Bauwerk, er bietet auch eine weite Aussicht. Der Blick reicht über die Albhochfläche bis zu den Alpen.

15 hochgehgrenzt

Hoch zu einer Burgruine

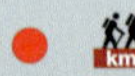
Mittel

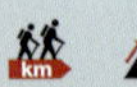
6,1 km

160 Hm

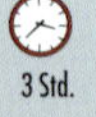
3 Std.

Tourencharakter: Der Aufstieg erfolgt auf einem steilen Steig, danach wandern wir auf Gras- und festen Wegen. Die Wanderung kann mit der Tour »hochgehbürzelt« kombiniert werden.

Tourenverlauf: Bichishausen – Schachen – Felder – Langes Tal – Bichishausen

Ausgangspunkt: Bichishausen, Parkplatz Reichartsberg, 740 m, GPS-Koordinaten 48.344564, 9.506519; alternative Ausgangspunkte: Parkplatz Bichishausen (Langes Tal), Bremelau (1,1 km), Wasserturm Dürrenstetten (0,4 km), Schlossberg (Verbindung zum Weg »hochgehbürzelt« (0,8 km).

Höchster Punkt: In den Feldern, 755 m

Einkehr: Bichishausen

Karte: Wanderkarte W243 Bad Urach, 1:25 000, Hrsg. Schwäbischer Albverein e. V., Kartographie: Landesamt für Geoinformation und Landentwicklung Baden-Württemberg (LGL)

Informationen: www.muensingen.de

Bei dem steilen Anstieg durch die Wacholderheide auf den Schachen bietet sich uns ein immer prächtigerer Blick auf die Ruine Bichishausen. Im Frühjahr ist der Hang über und über mit Küchenschellen bewachsen. Danach begleiten uns viele mächtige Weidbäume. Abschließend sollten wir zur Ruine Bichishausen aufsteigen.

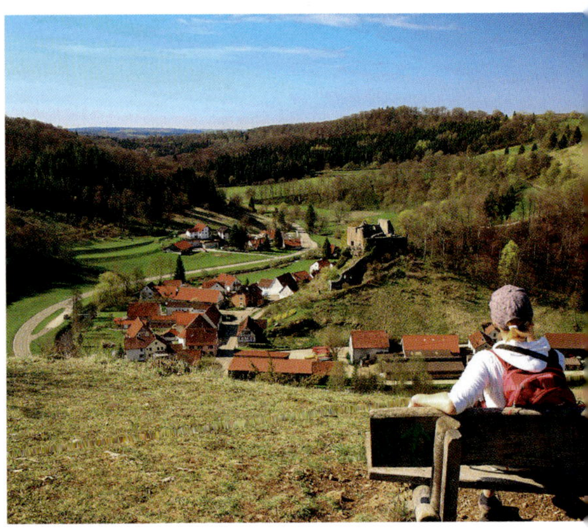

Felder und Wald Am Parkplatz Reichartsberg orientieren wir uns in südöstlicher Richtung, gehen an der Scheune vorbei und halten uns nach dem nächsten Wäldchen links. Nun wandern wir bis zu einer **Kreuzung** (Sandgruben) ❶. Dort biegen wir rechts ab, halten uns vor dem Wald links und gehen auf dem

nächsten querenden Weg rechts hinauf. Am folgenden Querweg biegen wir links, dann gleich wieder rechts ab und wandern in Richtung des sichtbaren Wasserturms Dürrenstetten. Kurz danach zweigen wir rechts ab, halten uns nach dem Gehölz links, an dessen Ende rechts 2. Wir folgen dem Wanderzeichen gelbe Raute auf den Wald zu; jetzt haben wir eine schöne weite Sicht über die fernen Höhen der Schwäbischen Alb. Dann zieht der Weg kurz nach links (Zwischen den Grenzen). Etwas später biegen wir rechts ab und wandern auf den **Waldrand** 3 zu. Hier orientieren wir uns rechts und gehen hinab zu einem **querenden Weg** 4. Auf ihm gehen wir nach links in den Wald.

Anfahrt

Auto: B27 und B312 bis Metzingen, B313 und B28 bis Bad Urach, B465 bis nach Münsingen, vor Mehrstetten rechts ab in Richtung Hundersingen; ÖPNV: Bahn bis Bad Urach, weiter mit dem Bus bis Bichishausen Zollhaus, (www.efa-bw.de)

Zur Burgruine Nach einem kurzen Stück bergab zieht der Weg nach rechts und mündet in einen querenden **Schotterweg** 5, der durch das Lange Tal führt. Nach links wandern wir nun durch dieses Tal. Wir verlassen es bald und erreichen nach ein paar Felsen, die wir rechts oben am Schachen sehen, den **Parkplatz Langes Tal** 6. Nun empfiehlt es sich, zur Ruine Bichishausen hinaufzusteigen, auch die mit einem Zwiebelturm geschmückte Kirche lohnt einen Besuch. Wer noch Zeit hat, kann zur entsprechenden Jahreszeit auch auf der Lauter paddeln, Boote kann man am Ortsanfang direkt an der Lauter ausleihen.

An der Landstraße, hinter dem ehemaligen Zollhäuschen, das noch mit

Linke Seite: Vom Schachen bietet sich ein herrlicher Blick ins Lautertal, nach Bichishausen und zur Burgruine.

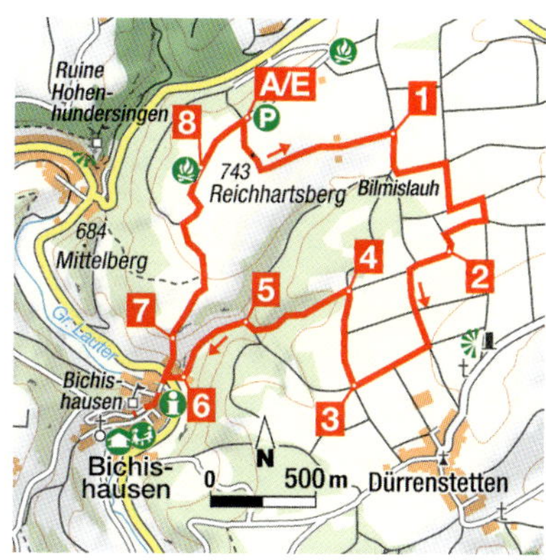

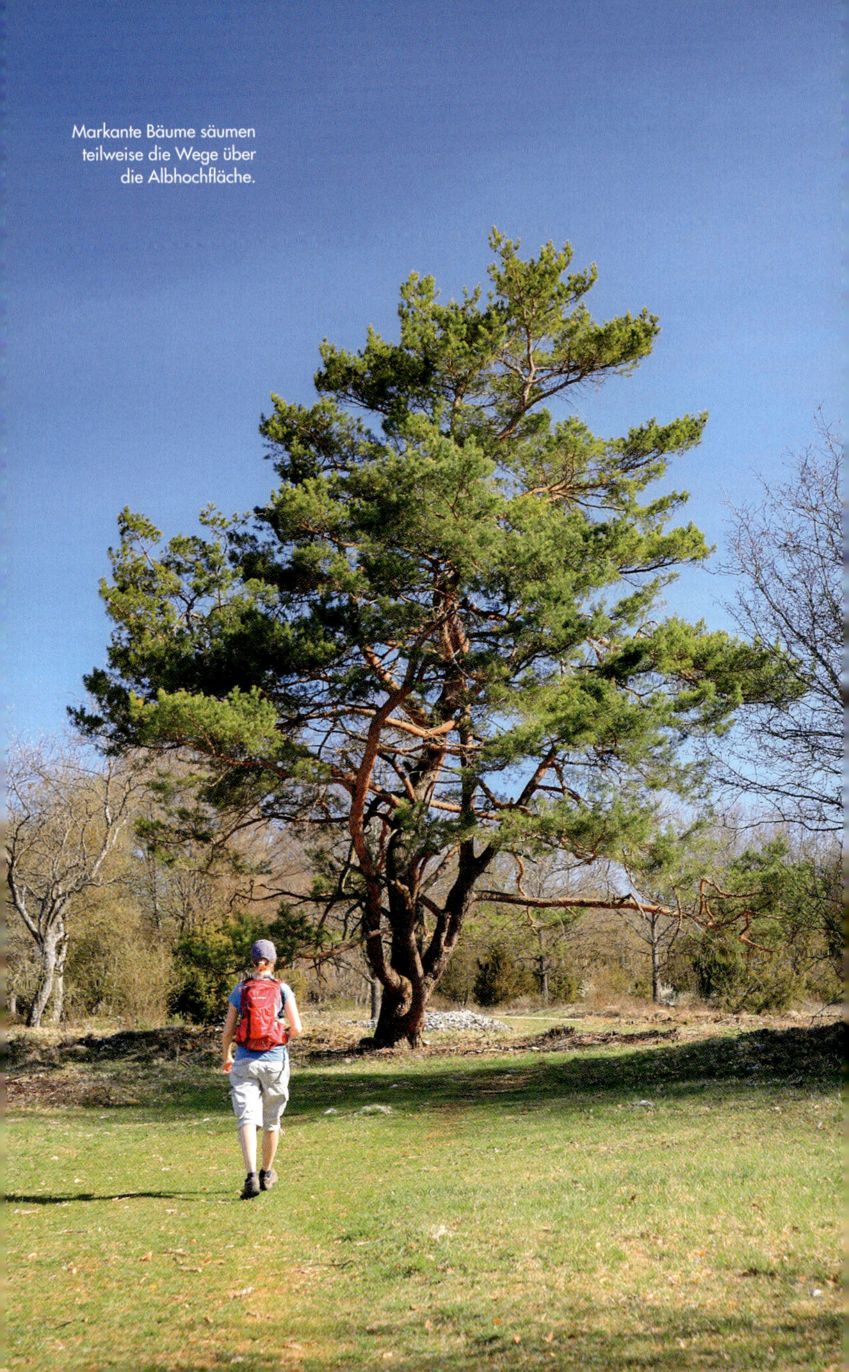

Markante Bäume säumen teilweise die Wege über die Albhochfläche.

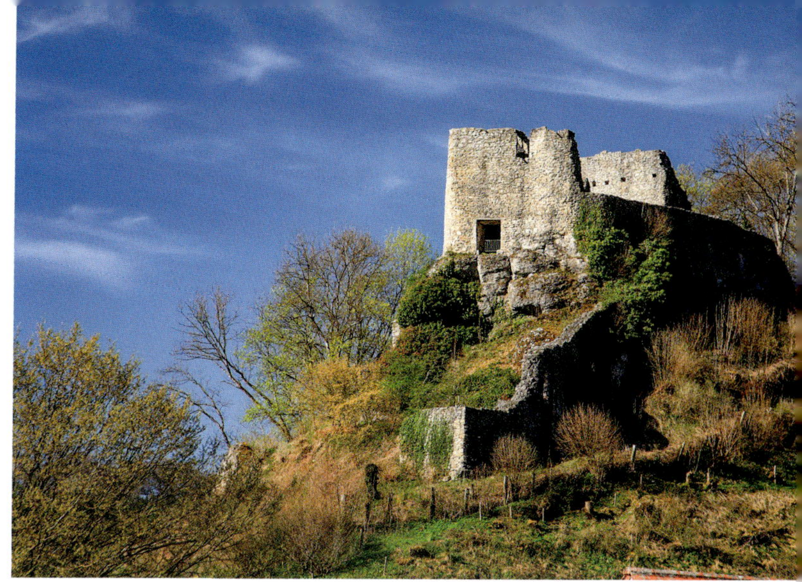

Ein Aufstieg zur markanten Ruine Bichishausen lohnt sich.

den Farben der ehemaligen Herrschaften Fürstenberg und Württemberg geschmückt ist, geht es hoch zum »Aussichtspunkt Schachen«. Vorbei an Felsen und Wacholdern führt der Weg steil hinauf; im Frühjahr wachsen hier große Bestände der Küchenschelle, zudem wird der Blick zur Ruine und auf den Ort immer beeindruckender. Oben angelangt, kann man sich zuerst einmal bei einem letzten Blick auf das Lautertal, Burgruine und Dorf ausruhen 7. Dann folgen wir dem nun eben verlaufenden Weg zwischen den mächtigen Bäumen, darunter befinden sich auch markante Weidbuchen. Zum Abschluss kommen wir zur **Grillstelle Reichartsberg** 8, danach zurück zum Parkplatz Reichartsberg.

Burgruine Bichishausen

Die Burgruine Bichishausen, eine typische Spornburg, gehörte erst den Grafen von Achalm, ab dem 13. Jahrhundert den in der Gegend begüterten Gundelfingern. Nach verschiedenen anderen Besitzern begann ab etwa 1550 ihr Verfall. Im oberen Burghof liegen der ehemalige Palas und der aus sauber behauenen Buckelquadern erbaute Bergfried. Hier trafen bis 1806 drei Herrschaften zusammen, was man an dem in den württembergischen und fürstenbergischen Farben gestrichenen Wartehäuschen erkennt: Während der Ort selbst den Fürsten von Fürstenberg gehörte, waren die Württemberger Besitzer des nördlich gelegenen Hundersingen und das südlich liegende Gundelfingen war reichsritterschaftlich.

16 hochgehbürzelt

Aussichtspunkt hoch über der Lauter

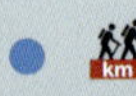 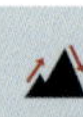 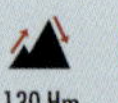 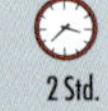

Leicht 4 km 130 Hm 2 Std.

Tourencharakter: Wir wandern auf festen Wegen und Pfaden. Die Wanderung kann mit den Touren »hochgehswiggert« und »hochgehgrenzt« kombiniert werden.

Tourenverlauf: Bichishausen/Parkplatz Steighof – Lautertal – Gundelfingen – Alpenblick – Aussichtspunkt Bürzel – Parkplatz

Ausgangspunkt: Münsingen-Bichishausen, Wanderparkplatz Steighof, 714 m, GPS-Koordinaten 48.327134, 9.492459: alternative Ausgangspunkte finden wir in Wittstaig (0,9 km), Bichishausen (Verbindung zum Weg »hochgehgrenzt«, 0,8 km) und Gundelfingen Ack (0,2 km)

Höchster Punkt: Steighof, 714 m

Karte: Wanderkarte W243 Bad Urach, 1:25 000, Hrsg. Schwäbischer Albverein e. V., Kartographie: Landesamt für Geoinformation und Landentwicklung Baden-Württemberg (LGL)

Informationen: www.muensingen.de

Wir erleben einen schönen Abschnitt des Großen Lautertals. Prächtig sind auch die Blicke, unter anderem vom Aussichtspunkt Bürzel, hinab auf den Umlaufberg der Lauter, zur Burg Niedergundelfingen, nach Gundelfingen, zur Ruine Hohengundelfingen auf der anderen Talseite und sogar bis zu den Alpen.

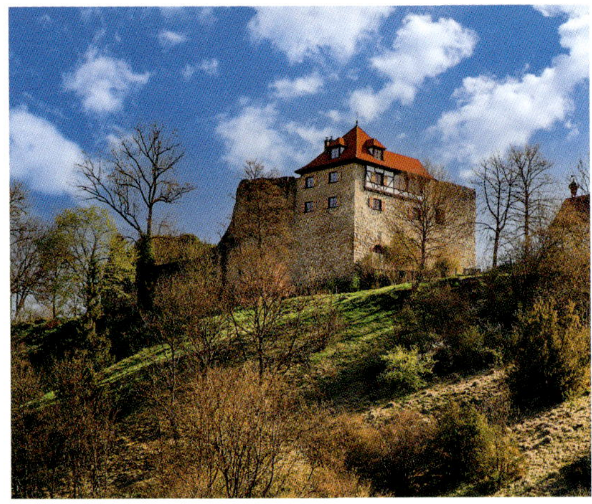

Hinab ins Lautertal Wir folgen direkt am Parkplatz dem abwärts führenden Sträßchen in Richtung »Bichishausen«. Es knickt am Trauf links ab und führt bergab nach Bichishausen im Lautertal. Etwa auf halber Höhe (Schlossberg) biegen wir rechts ab ❶. Nun wandern wir neben einer Hecke durch die Wiesen sanft bergab, später entlang des Waldrands.

Im Lautertal treffen wir auf den **asphaltierten Weg** ❷, der durch das Lautertal führt. Nach links sehen wir nach Bichishausen mit seiner Zwiebelturmkirche und zur Ruine Bichishausen. Wir folgen dem Weg nach rechts bis zum ersten Haus von Gundelfingen. Nach diesem biegen wir rechts ab ❸ und gehen auf den Hang zu. Nach Haus Nr. 15 zweigen wir links ab auf einen Pfad. Gleich darauf überqueren wir vor dem **Rastplatz an der Lauter** ❹ den Fluss.

Anfahrt

Auto: B27 und B312 bis Metzingen, B313 und B28 bis Bad Urach, B465 bis Münsingen. Im Ort am Bahnhof vorbei hinab nach Buttenhausen im Lautertal und dem Tal folgen bis Bichishausen. Dort nach rechts auf die Höhe zum Steighof; ÖPNV: Bahn bis Bad Urach, weiter mit dem Bus bis Bichishausen Zollhaus. Dann die Tour dort beginnen (www.efa-bw.de)

Hoch zum Aussichtspunkt An der Straße dahinter biegen wir rechts ab und kommen zur Ortsmitte. Hier gruppieren sich Tisch und Bänke um einen mächtigen Baum. Wir gehen unterhalb der Burg Niedergundelfingen geradeaus weiter, bis wir nach dem letzten Haus die Lauter auf einer **Brücke** ❺ überqueren (An der Dölle).

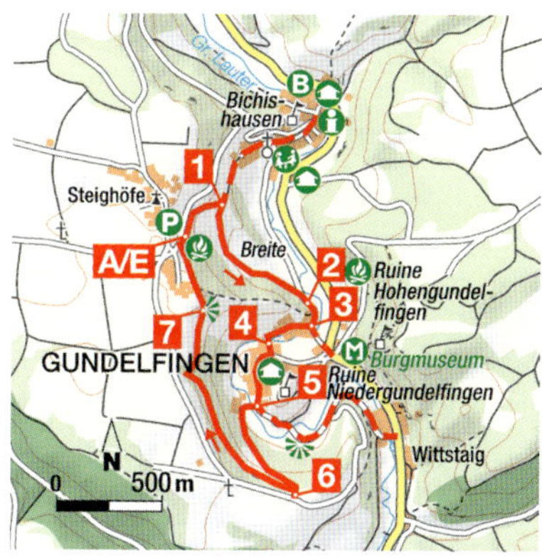

Linke Seite: Im Tal liegt die Burg Niedergundelfingen; unten: Durch Gundelfingen fließt die Lauter.

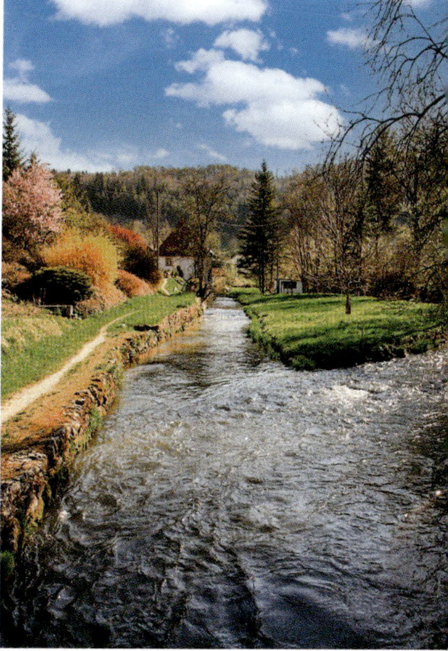

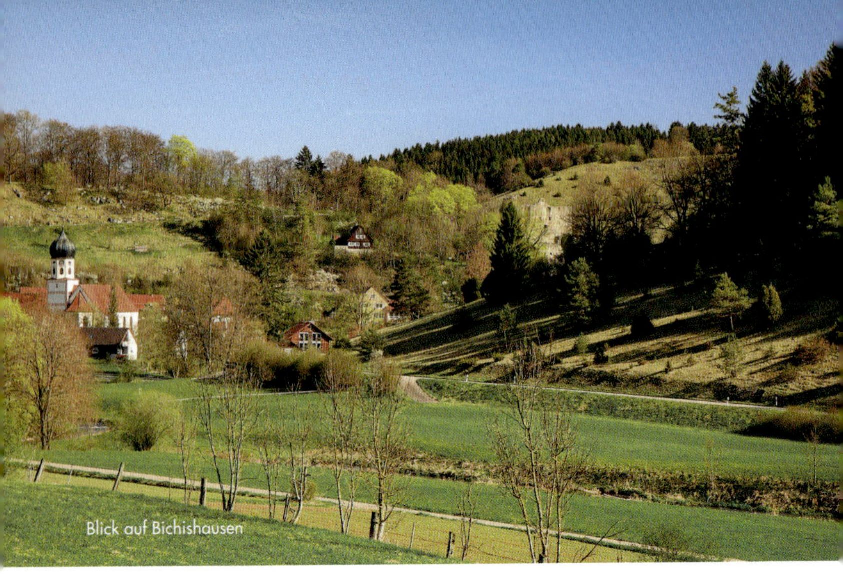
Blick auf Bichishausen

Burg Niedergundelfingen

In der Burg Niedergundelfingen begann vermutlich die Entwicklung des hochadeligen Geschlechtes der Gundelfinger, der maßgeblichen Familie in dem an Burgen nicht gerade armen Lautertal. Das bereits 1105 in einer Schenkungsurkunde an das Kloster St. Blasien genannte Geschlecht konnte sich ein kleines Territorium aufbauen. Sie hörten oft – fast dreißig Mal – auf den Namen Swigger. Mitte des 13. Jahrhunderts gründeten sie sogar eine Stadt: das mit einem regelmäßigen Grundriss angelegte Hayingen. Nach ihrem Aussterben kam der Besitz an die Grafen von Helfenstein, danach an die Fürsten von Fürstenberg. Das im Tal auf einem etwa vierzig Meter hohen Umlaufberg liegende Niedergundelfingen wurde Mitte des 13. Jahrhunderts neu erbaut. Um die Anlage verläuft die Ummauerung in etwa ihrer ursprünglichen Höhe von rund zwölf Meter, davor liegt eine Kapelle.

Vor dem Haus, auf das wir nach der Brücke zuwandern, biegen wir links ab und wandern auf einem Naturweg im Wald bergauf. Direkt am Waldrand folgen wir dem mit der gelben Raute markierten Weg nach rechts, erst sollten wir aber hinaus und zum Sträßchen hinter der Feldscheune gehen. Bei guten Sichtverhältnissen bietet sich uns hier am **Alpenblick am Herrenhau** 6 ein weiter Blick zur Alpenkette.

Danach folgen wir der gelben Raute durch den Wald. Der Weg geht später in einen Pfad über, der nach einiger Zeit in Serpentinen hinauf auf die Hochfläche führt. Kurz danach kommen wir zu einer Freifläche, anschließend zum **Aussichtspunkt Bürzel** (708 m) 7. Von ihm aus sieht man hinab nach Gundelfingen und zur Burg Niedergundelfingen. Man sieht, dass der Hügel, auf dem die Burg steht, ein Umlaufberg der Lauter ist. Auch die Häuser des Ortes folgen diesem Hügel. Auf der anderen Seite des Lautertals thront hoch oben die Ruine Hohengundelfingen. Anschließend führt uns der Weg in wenigen Minuten zurück zum Ausgangspunkt.

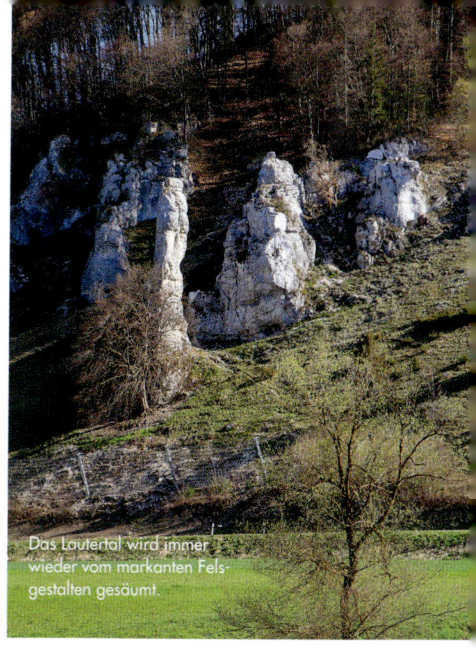

Das Lautertal wird immer wieder vom markanten Felsgestalten gesäumt.

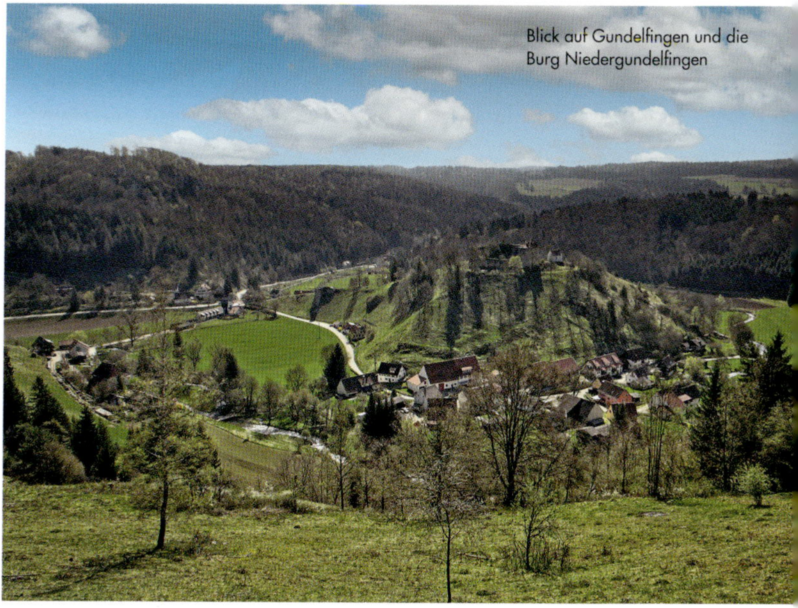

Blick auf Gundelfingen und die Burg Niedergundelfingen

17 hochgehswiggert

Zwei Burgruinen auf einen Streich

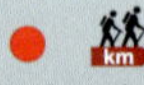
Mittel

6,2 km

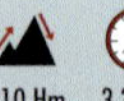
210 Hm

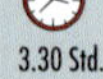
3.30 Std.

Tourencharakter: Pfade und feste Wege. Bei der Ruine Hohengundelfingen wird vor Steinschlag gewarnt. Bei dem Wegstück entlang der Lauter müssen wir auf Radfahrer achten. Die Wanderung kann mit der Tour »hochgehbürzelt« kombiniert werden.

Tourenverlauf: Münsingen-Wittstaig – Lautertal – Burgruine Derneck – Wittstaig – Ruine Hohengundelfingen – Parkplatz

Ausgangspunkt: Münsingen (Parkplatz Heiligental südlich von Wittstaig), 612 m, GPS-Koordinaten: 48.316085, 9.507004

Höchster Punkt: Bei der Ruine Hohengundelfingen, 734 m

Einkehr: Wanderheim Burg Derneck, Grillmöglichkeiten: Beim und nach dem Parkplatz Heiligental, bei der Ruine Derneck, Klingelfelsen, Spielplatz Breitle

Karte: Wanderkarte W243 Bad Urach, 1:25 000, Hrsg. Schwäbischer Albverein e. V., Kartographie: Landesamt für Geoinformation und Landentwicklung Baden-Württemberg (LGL)

Eigentlich könnte diese Wanderung gut Zwei-Burgen-Wanderung heißen, denn wir besuchen die Ruine Derneck mit dem Wanderheim des Schwäbischen Albvereins und die Ruine Hohengundelfingen, von der aus wir einen prächtigen Blick hinab ins Lautertal haben.

Am Klingelfelsen vorbei zur Burg Derneck Vom Parkplatz aus gehen wir zur K6769 und dort hinab zur Lauter. Wir überqueren den Fluss und kommen zu einem Grillplatz. Unser Weg führt über die Wiese zum Waldrand, wo wir uns links halten.

Nun wandern wir ein Stück neben der Lauter durch das idyllische Tal und erreichen bald den **Klingelfelsen** ❶, wo es ebenfalls einen Rastplatz mit Tisch, Bänken und einer Grillstelle gibt. Danach

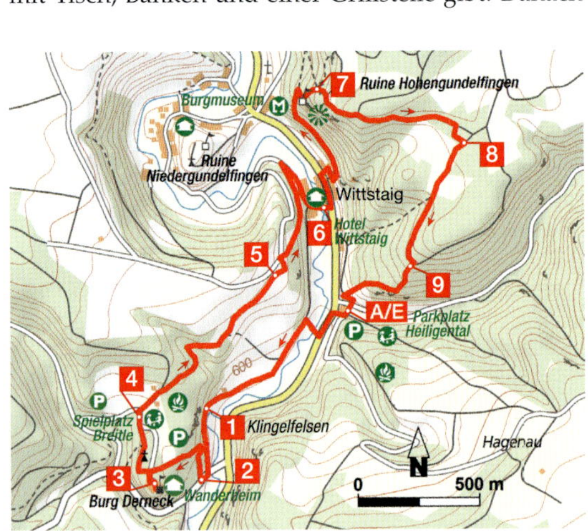

kommen wir zur K6750. Links auf der Brücke sehen wir zwei interessante Bronzeskulpturen, wir halten uns aber rechts. Kurz darauf, noch vor dem Parkplatz, werden wir zum »AV-Wanderheim Burg Derneck« nach rechts auf einen **Pfad** 2 in den Wald verwiesen.

Nach einem freien Wegstück am Waldrand entlang bieten sich uns zwei Wegmöglichkeiten: Geradeaus geht es steil hinauf zur Burg (100 m), nach rechts begeben wir uns auf den bequemeren Weg (200 m).

Die am Ende eines Höhensporns gelegene einst Degeneck genannte **Burg Derneck** 3 wurde um 1350 erbaut, der jetzige Name kam 1546 mit dem Verkauf an Georg von Helfenstein auf. Im 17. Jahrhundert gehörte sie den Fürstenbergern, da-

Anfahrt

Auto: B27 und B312 bis Metzingen, B313 und B28 bis Bad Urach, B465 bis Münsingen, im Ort am Bahnhof vorbei hinab nach Buttenhausen im Lautertal und dem Tal folgen bis zum Parkplatz nach Wittstaig; ÖPNV: Bahn bis Bad Urach, weiter mit dem Bus bis Gundelfingen Wittstaig, dann die Tour dort beginnen (www.efa-bw.de)

Informationen

www.muensingen.de
www.albverein.net

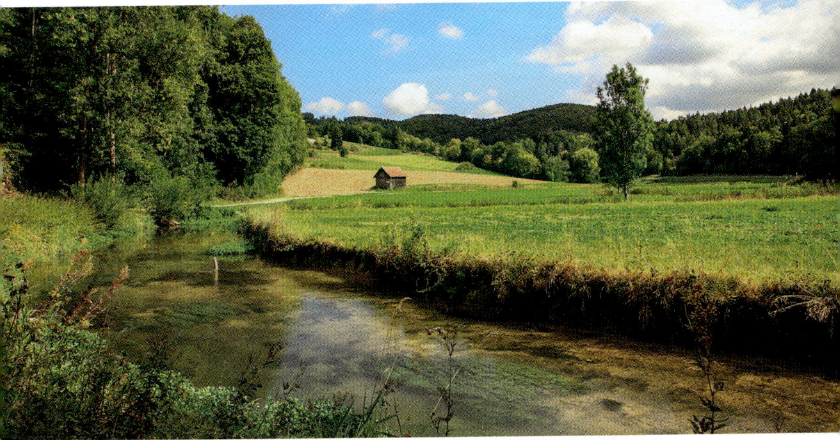

Das Lautertal bietet viele idyllische Ecken.

nach verschiedenen anderen Herren. Die baufällig gewordene Burg wurde Mitte des 18. Jahrhunderts. renoviert und erweitert. Die imposante Schildmauer mit Treppenturm, »Steinhaus« genannt, ist heute eine Aussichtsplattform. Seit 1968 befindet sich im ehemaligen Försterhaus ein Wanderheim des Schwäbischen Albvereins.

Alternative Startpunkte

Alternative Ausgangspunkte sind der Wanderparkplatz Hohengundelfingen/Münsingen (0,5 km), der Parkplatz vor dem Aufstieg zur Burg Derneck an der K6750 (0,1 km) und die Bushaltestelle Burg Derneck/Hayingen (0,1 km).

Mit schönem Blick zur Ruine Hohengundelfingen Vielleicht gönnen wir uns nach der Besichtigung der Ruine noch eine Erfrischung, aber dann geht es zurück zum Eingang, wo wir uns mit dem Wanderzeichen roter Balken links halten. Wir stoßen schon bald auf einen links abzweigenden Weg, doch wir

Auf dem Weg hinab nach Gundelfingen

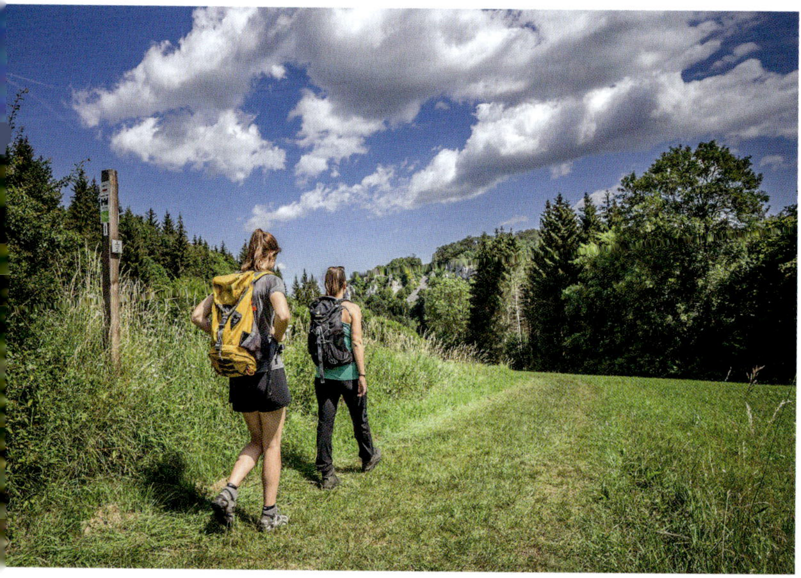

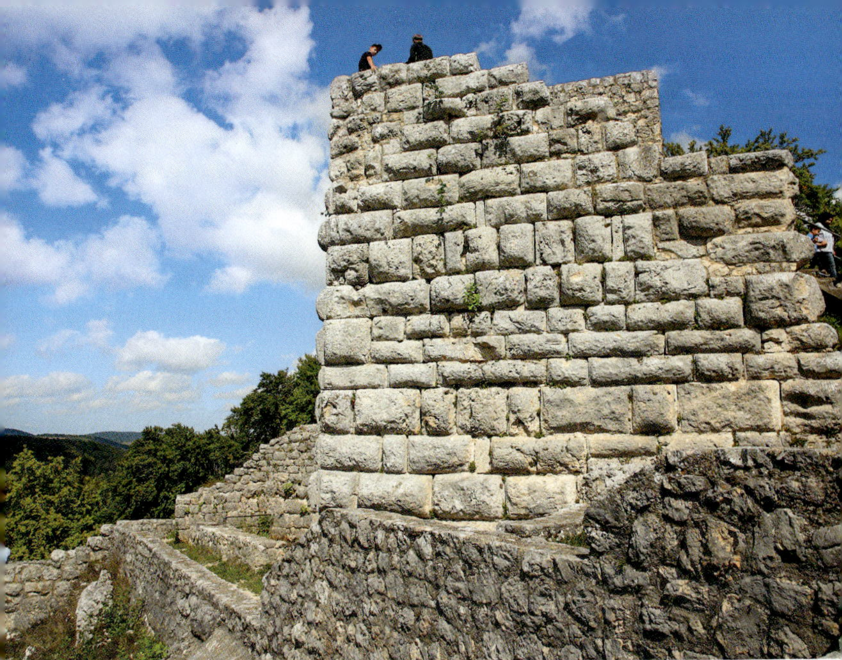

wandern noch geradeaus weiter bis zu einem geschotterten Weg, dem wir nach links folgen. Vorbei am **Spielplatz Breitle** 4 spazieren wir zum Waldrand und bei der Holzhütte in diesen hinein.

Der Weg zieht nach links abwärts und wir queren das Ratzental, dann führt der Weg nach rechts wieder hinauf. Nach dem Wald gehen wir am oberen Rand einer Wiesenfläche entlang, von der wir einen schönen Blick hinab ins Lautertal haben.

Etwas später treffen wir auf ein **asphaltiertes Sträßchen** 5, werden mit dem Wanderzeichen roter Balken aber gleich wieder nach rechts auf einen Pfad verwiesen. Nun geht es erneut hinab ins Lautertal, wo wir wieder ein asphaltiertes Sträßchen (Häldelesweg) vorfinden. Wir halten uns rechts nach Wittstaig und gelangen nach einer Linkskurve zur **K6769** 6.

Dort biegen wir links ab, werden aber kurz danach bei der Gaststätte nach rechts in Richtung »Ruine

Ein Besuch der aussichtsreichen Ruine Hohengundelfingen lohnt sich unbedingt.

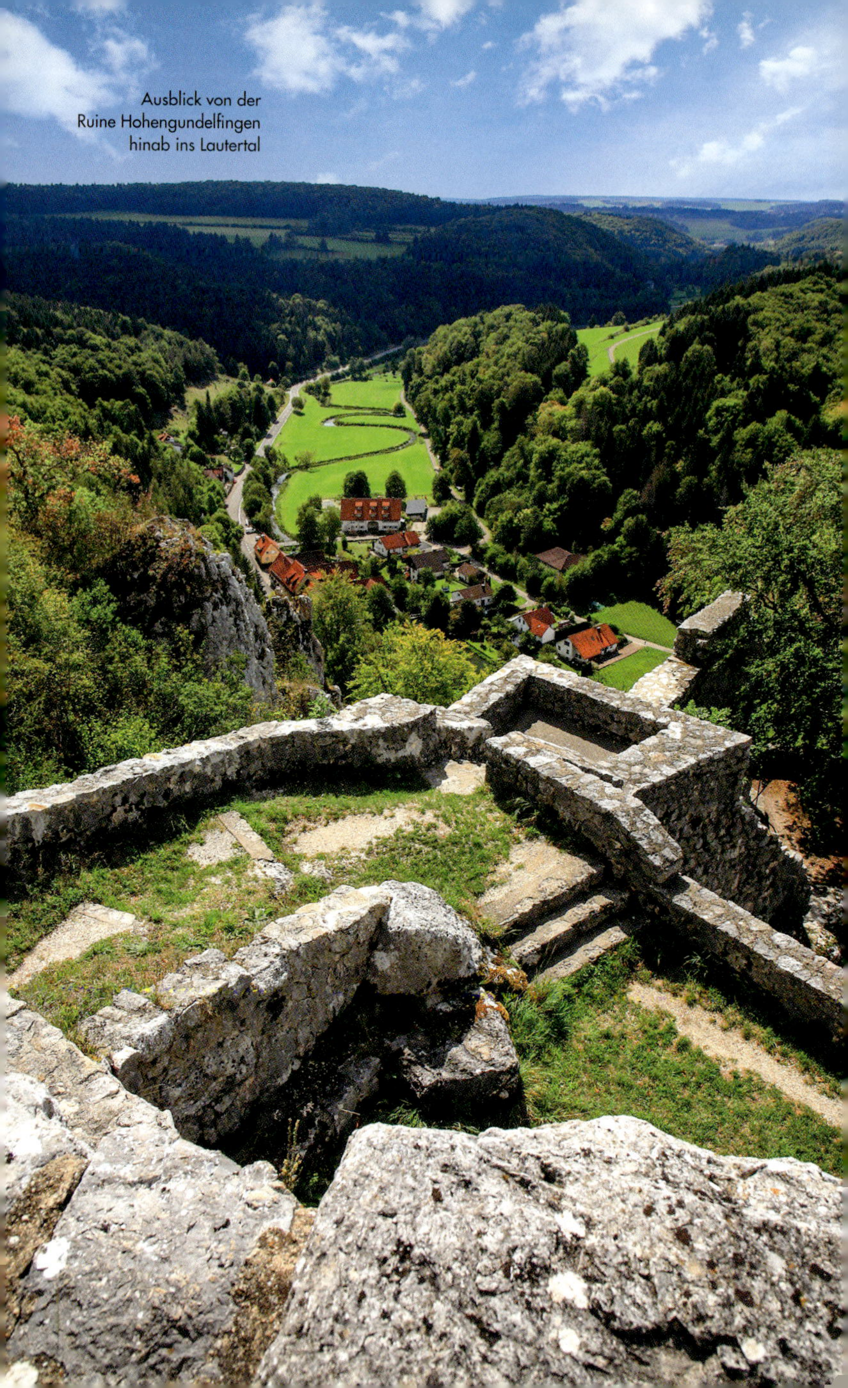

Ausblick von der Ruine Hohengundelfingen hinab ins Lautertal

Hohengundelfingen« verwiesen. Nun geht es steil hinauf, erst über Stufen, dann auf einem Pfad. Nach einigen Serpentinen durchqueren wir einen ersten Durchlass der Ruine und erreichen schließlich die **Ruine Hohengundelfingen** 7.

Durch den Wald zum Ausgangspunkt Nachdem wir die Ruine besichtigt und die prächtige Aussicht hinab ins Lautertal und zur Ruine Niedergundelfingen genossen haben, folgen wir kurz dem von oben kommenden breiten Weg. Gleich darauf werden wir aber mit dem Zeichen gelbe Gabel nach rechts auf einen Pfad in Richtung »Parkplatz Heiligental« verwiesen. Etwas später sind wir am Ende einer Lichtung angelangt. Wir gehen über die Wiese nach links zum Strommast, dort führt unser Wanderweg nach rechts in den Wald.

Das Wanderzeichen bringt uns etwas später zu einem breiten **Forstweg** 8, dem wir nach rechts bis zu einem querenden Weg folgen. Auch hier halten wir uns rechts und verlassen bald den Wald, dann spazieren wir nach links durch eine Lichtung weiter. Wieder im Wald angelangt, bleiben wir auf dem breiten Weg bis hinter einer Rechtskurve. Dort müssen wir aufpassen, dass wir den nach links abzweigenden **Pfad** 9 nicht verpassen. Er führt uns steil hinab zum Ausgangspunkt.

Ruine Hohengundelfingen

Die rund 130 Meter über dem Lautertal auf einem Bergsporn liegende Ruine Hohengundelfingen wurde ab etwa 1180, vielleicht auch schon im 11. Jahrhundert erbaut. Die Burg war bis ins 16. Jahrhundert bewohnt, dann verfiel sie. An der höchsten Stelle befindet sich der heute als Aussichtsturm genutzte Bergfried. Dieser rund elf Meter hohe Turm – früher war er noch höher, man liest von bis zu 35 Meter – wurde um 1250 aus riesigen Buckelquadern mit einer Kantenlänge von bis zu 1,5 Meter gemauert. Seine Grundfläche beträgt etwa 68 Quadratmeter, die Mauern sind unten fast 3 Meter, oben etwa einen Meter mächtig. Die Blöcke besitzen so exakt geschlagene Kanten, dass immer wieder bezweifelt wird, ob einheimische Steinmetze zu einer solchen Leistung überhaupt fähig waren oder ob vielleicht norditalienische Baumeister für den Bau verantwortlich waren. Darunter umschließen gut erhaltene Mauern den Zwinger; im Süden hat man einige der Felstürme in die Verteidigungsanlage eingebunden. Zur Bergseite schützt ein rund acht Meter tiefer Burggraben die Anlage.

18 hochgehlautert

Drei Ruinen und ein herrliches Tal

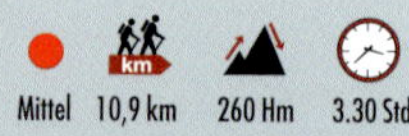

Tourenverlauf: Hayingen-Anhausen/Wanderparkplatz – Ruine Maisenburg – Naturdenkmal Buchstock – Lautertal – Ruine Monsberg – Ruine Wartstein – Wanderparkplatz

Ausgangspunkt: Hayingen-Anhausen, Wanderparkplatz, 593 m, GPS-Koordinaten 48.285349, 9.500610

Höchster Punkt: nach Naturdenkmal Buchstock (685 m)

Karten: Wanderkarte W243 Bad Urach, 1:25 000, Hrsg. Schwäbischer Albverein e. V., Kartographie: Landesamt für Geoinformation und Landentwicklung Baden-Württemberg (LGL)

Informationen: www.hayingen.de

Drei Burgruinen kann man bei dieser Wanderung besuchen. Von der Ruine Wartstein bietet sich eine prächtige Aussicht ins Lautertal und sogar bis zum Bussen, dem »heiligen Berg Oberschwabens«. Im Tal selbst erwarten uns mächtige Felsen und Höhlen.

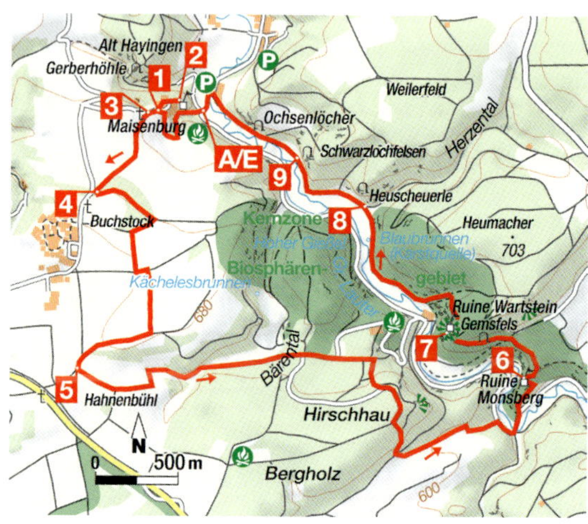

Hinauf zur ersten Ruine Am Wanderparkplatz gehen wir vom Schild Parkplatz Anhausen (576 m) zum einzigen Haus und links an ihm vorbei. Nun steigt das Gelände erst einmal an. Vor uns auf der Höhe sehen wir das Hofgut Maisenburg und rechts die Mauern der gleichnamigen Ruine. Oben am Schild **Hofgut Maisenburg** (637 m) ❶ führt unser Weg später nach links weiter, zuerst gehen wir aber nach rechts über den großen Platz links der Anlage, dann hinter den

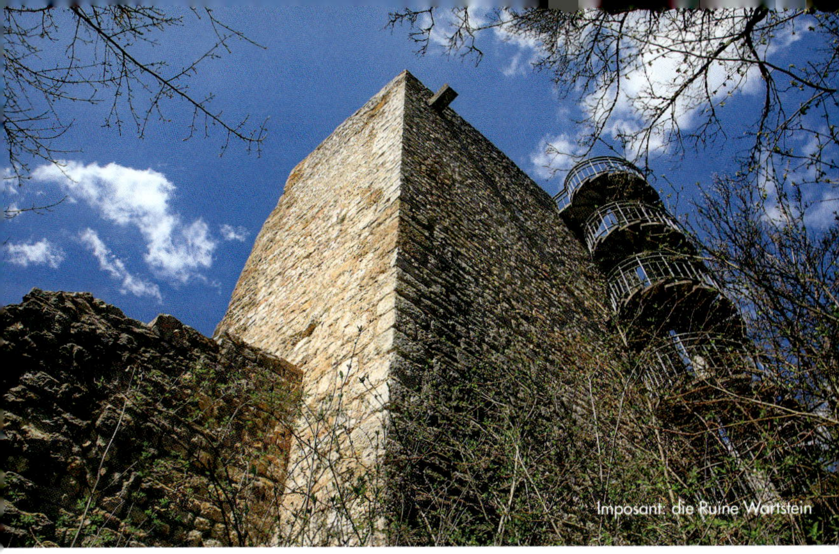

Imposant: die Ruine Wartstein

Häusern nach rechts. Der Pfad fällt und steigt wieder und wir gehen entlang der **Mauer der Ruine** 2 bis zu ihrer gegenüberliegenden Seite; dort findet sich der Eingang.

Über das Naturschutzgebiet Buchstock zum Erbstetter Kreuz Danach gehen wir wieder zurück zum Abzweig und halten uns rechts. Kurz darauf, an dem kleinen **Bildstock (Hubertuskapelle)** 3, zweigen wir links ab. Nun wandern wir zwischen Wiesen und Feldern – mit einem schönen Rückblick auf das Hofgut und die Ruine Maisenburg und die weiter entfernte Ruine Schülzburg – zu einem Waldstück. Durch dieses hindurch kommen wir zum Schild

Anfahrt

Auto: B27 und B312 bis Metzingen, B313 nach Bad Urach. Weiter auf der B465 nach Münsingen. Vor der Stadt nach rechts und hinab ins Lautertal. Diesem nach Süden folgen. Nach Ehestetten nach links und über Indelhausen nach Anhausen, dort nach rechts zum Wanderparkplatz; ÖPNV: Bahn nach Reutlingen oder Bad Urach, weiter mit dem Bus nach Indelhausen oder Hayingen. Von dort zu Fuß zum Ausgangspunkt.

Tourencharakter

Rundwanderung, meist auf guten Wegen. Nur auf dem Wegstück über die Ruine Monberg, die Ruine Wartstein und den Gemsfels sollte man trittsicher und schwindelfrei sein. Wer diesen Abschnitt umgehen will, folgt im Tal vor dem Aufstieg dem Zeichen »Abkürzung« und wandert im Lautertal eben weiter. Beide Wege vereinigen sich dann wieder.

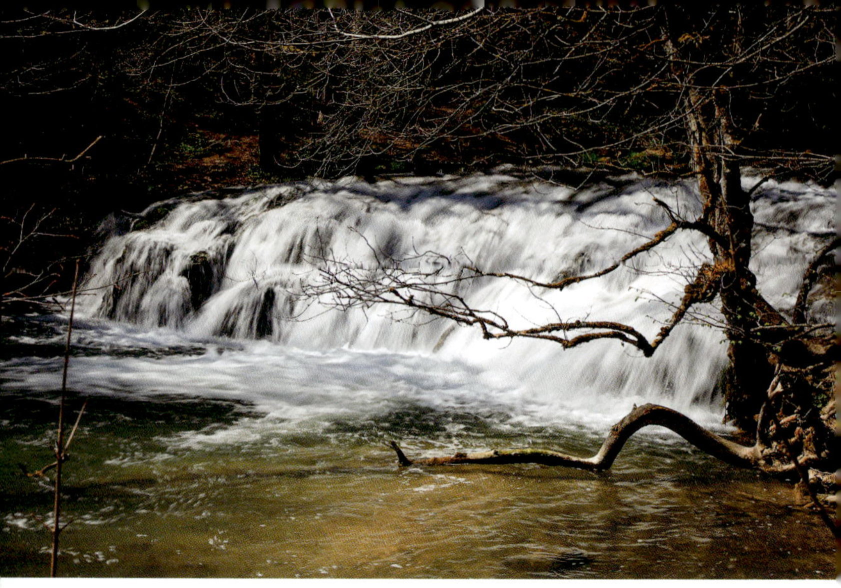

Mächtig rauscht der Wasserfall Hoher Gießel.

Naturschutzgebiet Buchstock (678 m) ❹. Hier und in den nächsten Minuten sollten wir die mächtigen uralten Bäume beachten, die am Wegrand stehen. Wir biegen links ab und gehen zuerst durch den Wald.
Nach ihm sehen wir bei einem kleinen Feldkreuz das Schild östlich Hülbe (681 m). Hier zweigen wir rechts ab. Wir kommen am Schild Bei der Eiche Nord (685 m) vorbei und biegen danach vor der Hecke am Schild Bei der Eiche Nordwest (691 m) links ab.
Am nächsten festen Feldweg orientieren wir uns links, gleich darauf wieder rechts und wandern, vorbei am Schild Bei der Eiche Nordwest (691 m), auf den Wald zu. Vor ihm halten wir uns am Schild Beim Datthölzle Nord (682 m) rechts. Etwas später kommen wir nach einer Rechtskurve zum **Erbstetter Kreuz** (677 m) ❺. Hier haben wir einen schönen Blick auf den namengebenden Ort.

Hinab ins Lautertal Kurz danach folgen wir beim Schild Wolfgrube Südost (676 m) dem Wanderzeichen. Beim Schild Ignazi Südwest (662 m) zieht der asphaltierte Weg nach rechts, wir gehen aber noch geradeaus weiter. Unser Weg knickt bald links ab und wir kommen zum Schild Ignazi Ost (682 m). Hier biegen wir rechts ab. Nun geht es abwärts zum Schild Beim Bärental (640 m), danach in den Wald. Der Weg fällt, wir wandern durch den Wald und verlassen ihn vor einer langgestreckten Lichtung.

Die Wanderung führt am Schwarzlochfelsen vorbei.

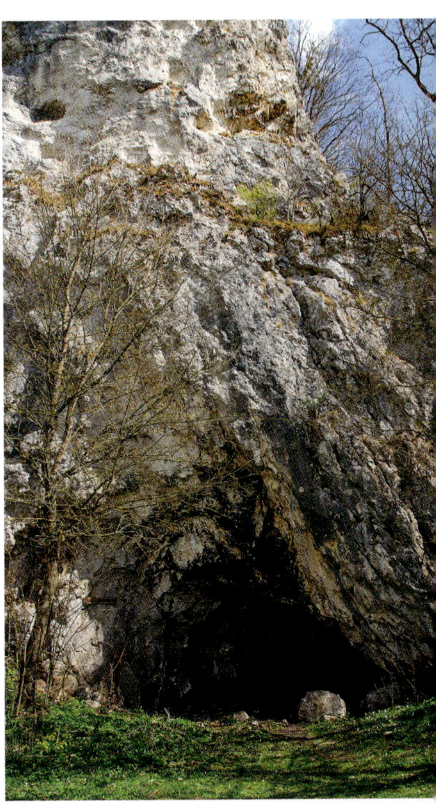

Sie durchqueren wir auf der rechten Seite bis zum Schild Bärental (615 m). Hier zweigen wir rechts ab in den Wald, der stellenweise Schwarzwaldcharakter aufweist. Wir wandern auf einem schönen Waldweg, bis wir beim Schild Bärental (628 m) auf einen festen Weg stoßen. Hier gehen wir geradeaus weiter und passieren das Schild Zwiefalter Hau Südwest (630 m). Kurz danach werden wir nach rechts verwiesen. Der Pfad steigt an bis zu einem festen Weg beim Schild Hirschhau (661 m). Dort biegen wir links ab. Beim Schild Hinteres Bergholz Südost (665 m) halten wir uns links. Nun geht es bergab, am Waldrand orientieren wir uns links. Wir wandern zwischen Waldrand und Feldern und vorbei am Schild südwestlich Kohlhäule (616 m) in den Wald. In diesem geht es hinab bis zu einem festen Weg; nun sind wir im Lautertal.

Hinauf zu Ruinen Hier halten wir uns rechts zum Schild Lauterbrücke Monsberg (556 m). Wir überqueren die Brücke nach links und gehen auf den Hügel zu. Am Schild unter der Ruine Monsberg (557 m) haben wir zwei Möglichkeiten. Die einfache ist, dass wir links auf Flussebene am Hügel entlanggehen, bis der schwierigere Weg am Schild Gemsfels (559 m) von rechts einmündet.

Schwieriger, aber interessanter ist es, wenn wir auf dem schmalen Pfad den Hügel besteigen. Am Schild **Ruine Monsberg** (581 m) 6 liegen links die spärlichen Reste der Ruine auf einem weiteren Hügel. Ansonsten folgen wir dem Weg weiter. Er bringt uns zum Wartsteiner Sattel (631 m). Hier behalten wir unsere Richtung bei. Etwas später sehen wir rechts oben und vor uns die Mauern der Ruine Wartstein.

An dem unteren Mauerrest führt ein schmaler, steiler Steig nach oben zur **Ruine Wartstein** 7. Man sollte die Wendeltreppe hinaufgehen, denn von oben bietet sich ein prächtiger Blick hinab ins Lautertal und nach Süden zum Bussen, dem heiligen Berg Oberschwabens. Danach gehen wir auf den Hang zu, wo wir das Schild Ruine Wartstein (656 m) sehen. Hier halten wir uns links. Nun geht es stellenweise steil abwärts. Wir kommen am Gemsfels vorbei und treffen unten im Lautertal beim Schild Unterm Gemsfels (559 m) auf den einfacheren Weg.

Vorbei am Wasserfall zum Parkplatz Hier biegen wir rechts ab. Im Prinzip folgen wir nun immer dem Weg durch das Lautertal. Links neben uns mäandert die Lauter und später sehen wir links den Wasserfall Hoher Gießel. Danach kommen wir an einem kleinen Felsmassiv vorbei, gleich danach sehen wir ein Höhlendach, das **Naturdenkmal Heuscheuerle** 8. Später folgt der **Schwarzlochfelsen** 9, ebenfalls mit einer Höhle, sowie die beiden Ochsenlöcher. Danach erreichen wir wieder unseren Ausgangspunkt.

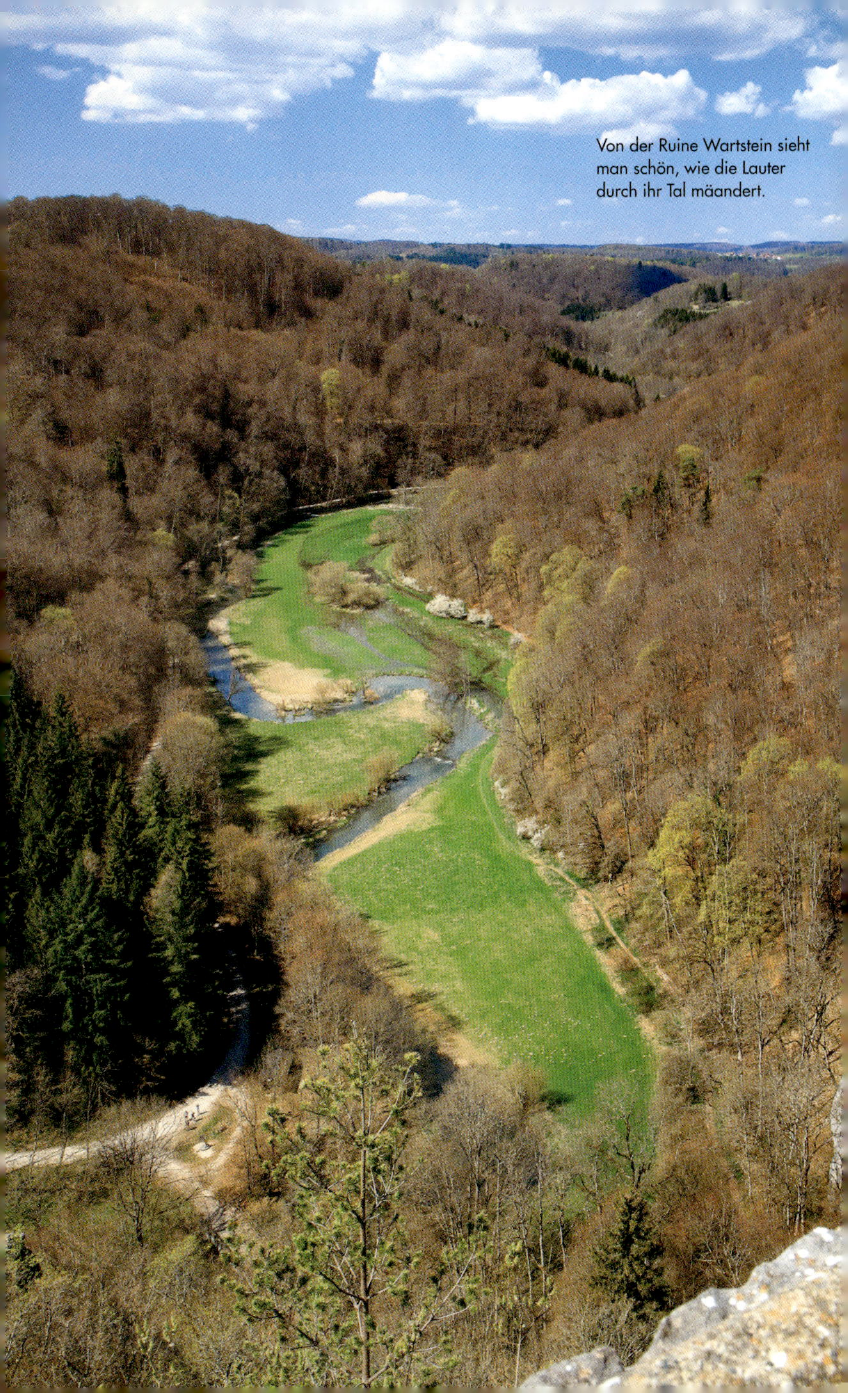

Von der Ruine Wartstein sieht man schön, wie die Lauter durch ihr Tal mäandert.

19 hochgehackert

Durchs idyllische Tiefental

Mittel | 9,3 km | 140 Hm | 3 Std.

Tourencharakter: Wir wandern auf festen und auf Naturwegen.

Tourenverlauf: Pfronstetten/Parkplatz PhänoPfad – Sportplätze – Lehrtal – Aichstetten – Tiefental – Parkplatz

Ausgangspunkt: Pfronstetten, Parkplatz PhänoPfad an der K6747, 695 m, GPS-Koordinaten 48.284147, 9.379270; einen Ausweichparkplatz findet man an den Sportplätzen Pfronstetten (Parkplatz Kleiner Kapf); er eignet sich besonders gut, wenn man auf der B312 anfährt.

Höchster Punkt: Ortsrand Aichstetten, 744 m

Karten: Freizeitkarte F524 Bad Urach, 1:50 000, Landesamt für Geoinformation und Landentwicklung Baden-Württemberg (LGL); Wanderkarte mit Radwegen 52-536, Lichtenstein Trochtelfingen, 1:25 000, NaturNavi

Informationen: pfronstetten.wpcomstaging.com

Mit der kleinen Heidelandschaft bei den Pfronstetter Sportplätzen und dem Tiefental mit seinen beeindruckenden Felsformationen zeigt sich die Schwäbische Alb von ihrer schönsten Seite. Abschließend lockt am Ausgangspunkt der PhänoPfad.

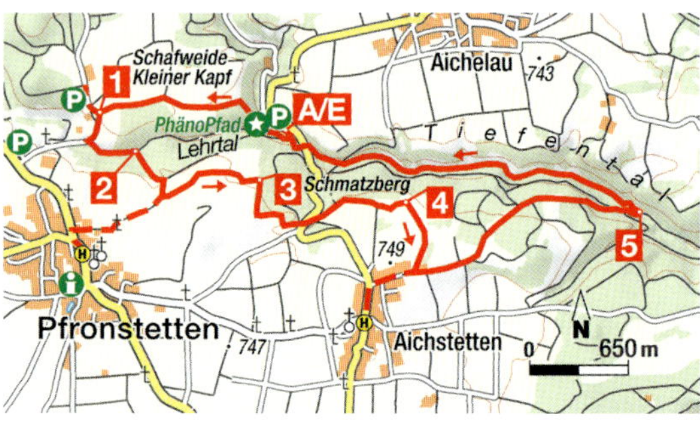

Von der Heide ins Tal Am Parkplatz folgen wir kurz dem PhänoPfad, werden aber bald nach rechts verwiesen. Nun geht es auf einem schmalen Steig hinauf zum Waldrand. Dort biegen wir links ab und wandern, erst zwischen Wiesen und Feldern, bis zu einer kleinen Wacholderheide, wo wir auch einige mächtige Weidbäume sehen.

An dem querenden Sträßchen, das nach rechts zu den Sportplätzen führt, zweigen wir links ab **(Schafweide Kleiner Kapf)** ❶. Wir folgen der Straße etwas abwärts, dann biegen wir links ab ins Lehrtal. Nach ein paar Minuten werden wir nach rechts verwiesen ❷, nun steigen wir wieder an zum Waldrand. Danach gehen wir durch Wiesen und Felder bis zu einem que-

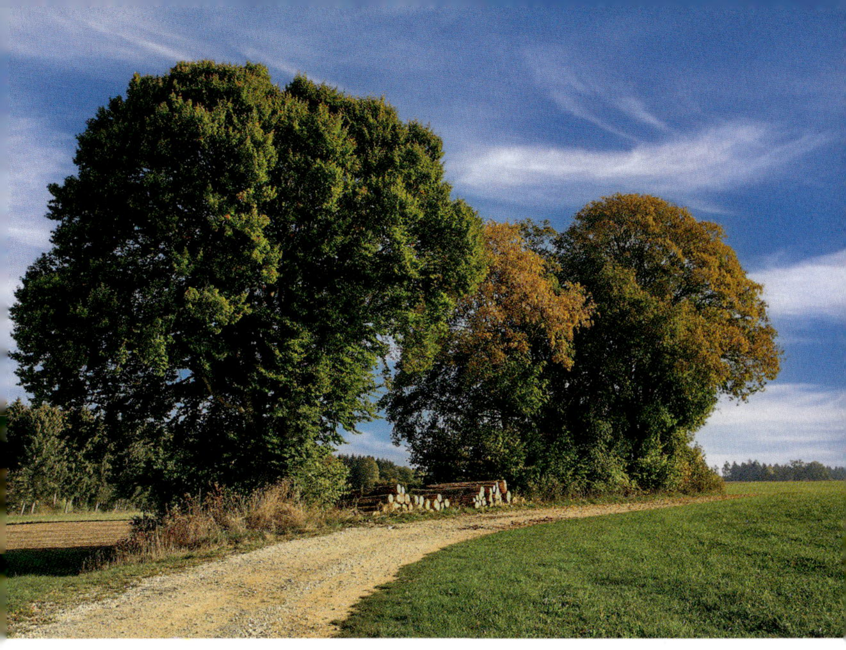

Spätsommerliche Stimmung zwischen Wiesen und Feldern

renden festen Weg, der von rechts von Pfronstetten kommt. Hier orientieren wir uns links und erreichen bald den **Waldrand (Schmatzberg)** 3. Nun halten wir uns rechts. Wo der Wald aufhört, gehen wir an seinem Rand nach links weiter und folgen den Zeichen bis zur querenden K6747.

Auf der anderen Seite wandern wir geradeaus weiter, anfangs mit dem Wanderzeichen gelbes Dreieck. Dieses zieht bald nach rechts, wir gehen aber geradeaus hinaus in die Wiesen und auf einem Pfad weiter, bis wir nach rechts verwiesen werden 4.

Anfahrt

Auto: B27 und B312 bis Metzingen, B312 und B313 bis Pfronstetten. Nach dem Ort nach links in Richtung Aichelau; ÖPNV: Bahn bis Reutlingen, weiter mit dem Bus (Info: www.efa-bw.de)

Übers Tiefental zum PhänoPfad Wir wandern bis zum Ortsende von Aichstetten, wo wir uns auf dem querenden Feldweg links halten. Nun orientieren wir uns

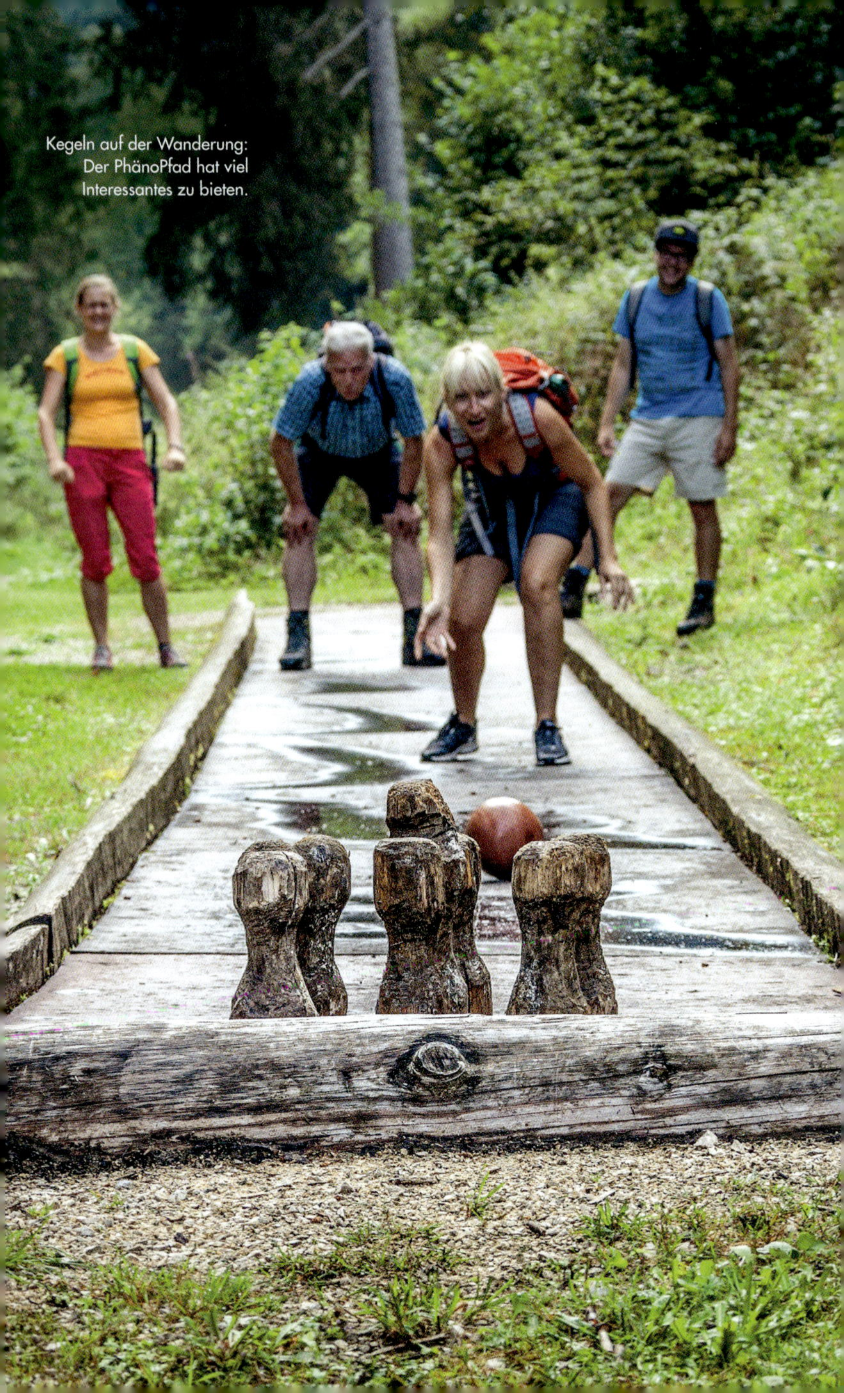

Kegeln auf der Wanderung: Der PhänoPfad hat viel Interessantes zu bieten.

PhänoPfad

Der PhänoPfad verdankt seinen Namen den Naturphänomenen, die auf der Strecke an verschiedenen Stationen erklärt werden – wie dem Wellenbaum, der »klingenden Küche« oder dem »Sonnenfeuer«. Vor allem für Kinder ist Mitmachen angesagt. Man kann der Wurzelharfe zuhören oder lauschen wie ein Luchs. Auch eine Waldkegelbahn gibt es. Am Parkplatz sollte man die Broschüre erwerben (Kleingeld mitnehmen), in welcher alles beschrieben wird.

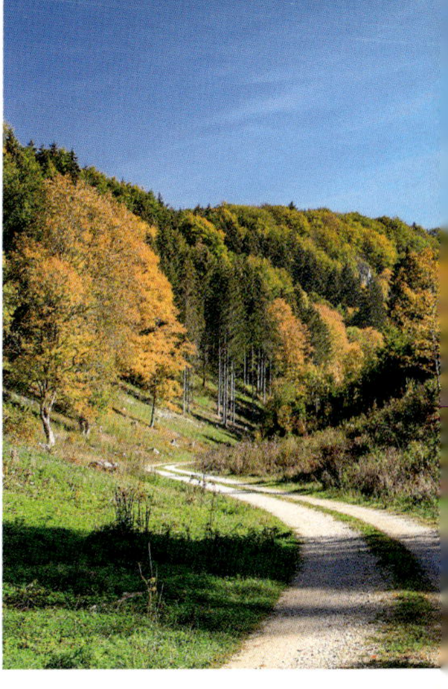

Im Tiefental warten idyllische Pfade.

immer geradeaus und kommen nach einiger Zeit in den Wald. Jetzt fällt unser Weg zeitweise recht steil ab und bringt uns hinab ins **Tiefental** 5.

Wir halten uns links und wandern bis zur K6747; kurz vor ihr kommen wir an einer Grillstelle vorbei. Hinter der Landstraße liegt unser Parkplatz. Wer will, folgt nun ein Stück dem PhänoPfad, vor allem wenn Kinder dabei sind. Dabei braucht man nicht unbedingt die gesamte Rundwanderung unternehmen, es reicht auch, dem Weg geradeaus ein Stück zu folgen.

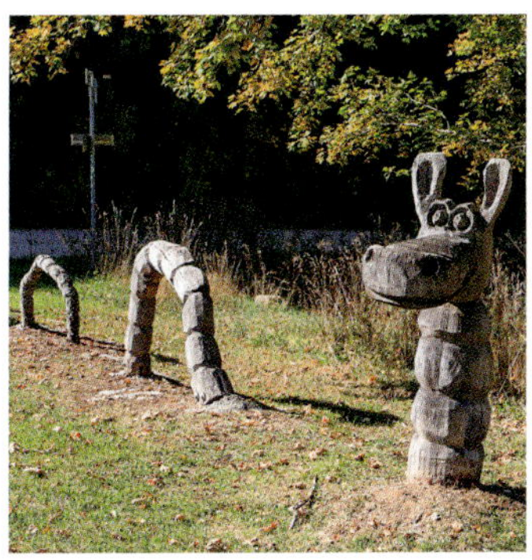

Der PhänoPfad bietet viel Unterhaltung für Jung und Alt.

Tiefental

Das Tiefental ist eines der Trockentäler, von denen es auf der Schwäbischen Alb einige gibt. Auch der Name Tiefental kommt öfter vor. Dieses Tiefental ist wirklich außergewöhnlich tief und eng in die Albhochfläche eingeschnitten. Durch die Felsen aus Massenkalk, die Schutthänge und die mächtigen Bäume weist es einen recht urtümlichen Eindruck auf.

20 hochgehschätzt

Mit dem Nachen in die Höhle

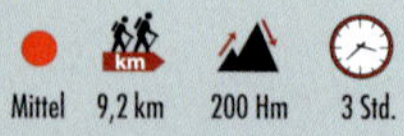

Tourenverlauf: Wimsener Höhle – Hayingen – Digelfeld – Parkplatz Hayinger Brücke – Glastal – Schloss Ehrenfels – Wimsener Höhle

Ausgangspunkt: Hayingen (Wimsener Höhle), 580 m, GPS-Koordinaten: 48.257940, 9.448691

Höchster Punkt: Wegkreuz Schmiedshalden bei Hayingen, 697 m

Einkehr: Wimsener Höhle, Grillmöglichkeit: Hayinger Brücke

Karte: Wanderkarte W243 Bad Urach, 1:25 000, Hrsg. Schwäbischer Albverein e. V., Kartographie: Landesamt für Geoinformation und Landentwicklung Baden-Württemberg (LGL)

Grandiose Sehenswürdigkeiten erwarten uns bei dieser Wanderung. Da wären das Glastal mit seinen Höhlen, die Wimsener Höhle, die man mit einem Nachen befahren kann, und abschließend die Wacholderheide Digelfeld, eine der schönsten der Schwäbischen Alb.

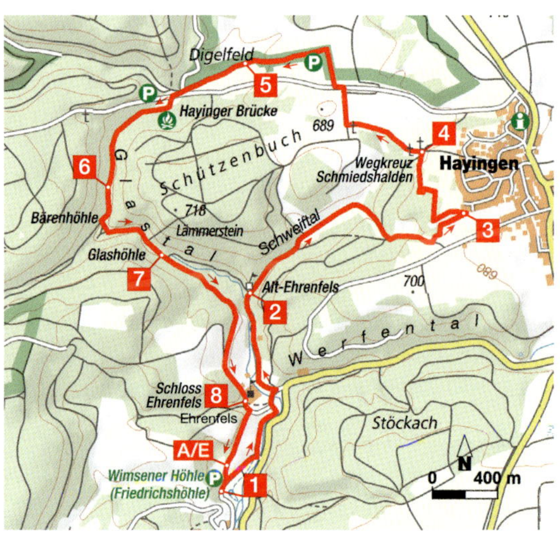

Von der Wimsener Höhle zur Ruine Alt-Ehrenfels Am Ausgangspunkt stellt sich die Frage, ob man gleich zur **Wimsener Höhle** ❶ gehen und sie mit dem Nachen befahren soll, oder ob man lieber zuerst die Wanderung unternimmt. Als Entscheidungshilfe sei gesagt: Morgens ist der Andrang für die Nachenfahrt in die Höhle vielleicht nicht ganz so groß, dafür nimmt man nach der Tour wahrscheinlich gerner die Einkehrmöglichkeit in der Gaststätte an. Auf jeden Fall gehen wir erst zum Zufahrtssträßchen zurück. Wo dieses nach rechts zur Straße zieht, schlendern wir geradeaus über die Wiese weiter. Der Pfad verläuft links am Rand der Hecke entlang parallel zum Hasenbach. Bald stoßen wir auf die

Tourencharakter

Wir wandern auf festen Wegen. Andere Ausgangspunkte sind der Parkplatz Hayinger Brücke, der Parkplatz Leihen (0,9 km), die Bushaltestelle Wimsener Höhle (0,2 km), Ortsmitte Hayingen/Holzgasse (0,8 km) und Schloss Ehrenfels (0,1 km) sowie der auf dem Weg liegende Parkplatz Digelfeld. Die Tour kann mit der Wanderung »hochgehpilgert« kombiniert werden.

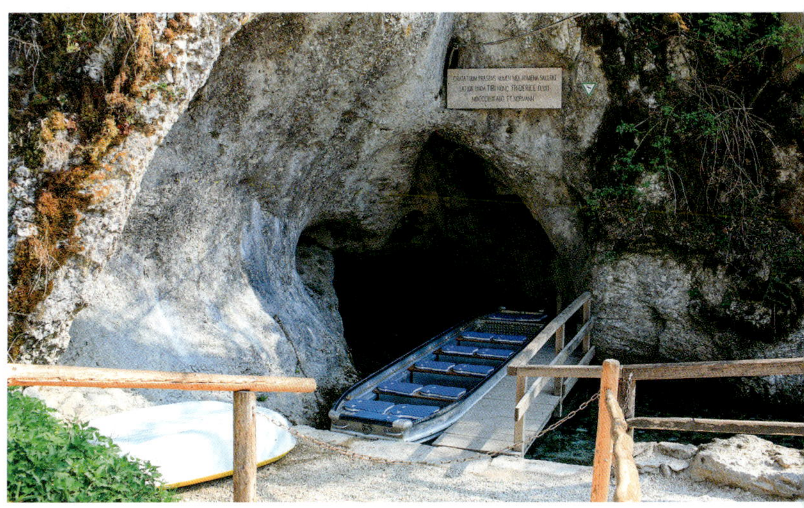

Am Eingang zur Wimsener Höhle

Zufahrtsstraße zu Schloss Ehrenfels. Bei einem kleinen Parkplatz folgen wir dem Zeichen rotes Dreieck hinein ins Glastal. Im Wald zweigt bei der zweiten Brücke über den Hasenbach rechts ein schmaler Pfad ins **Schweiftal** ab 2. Auf dem steilen Fels am Abzweig steht die kaum zugängliche **Ruine Alt-Ehrenfels**. Sie geht auf das 13. Jahrhundert zurück

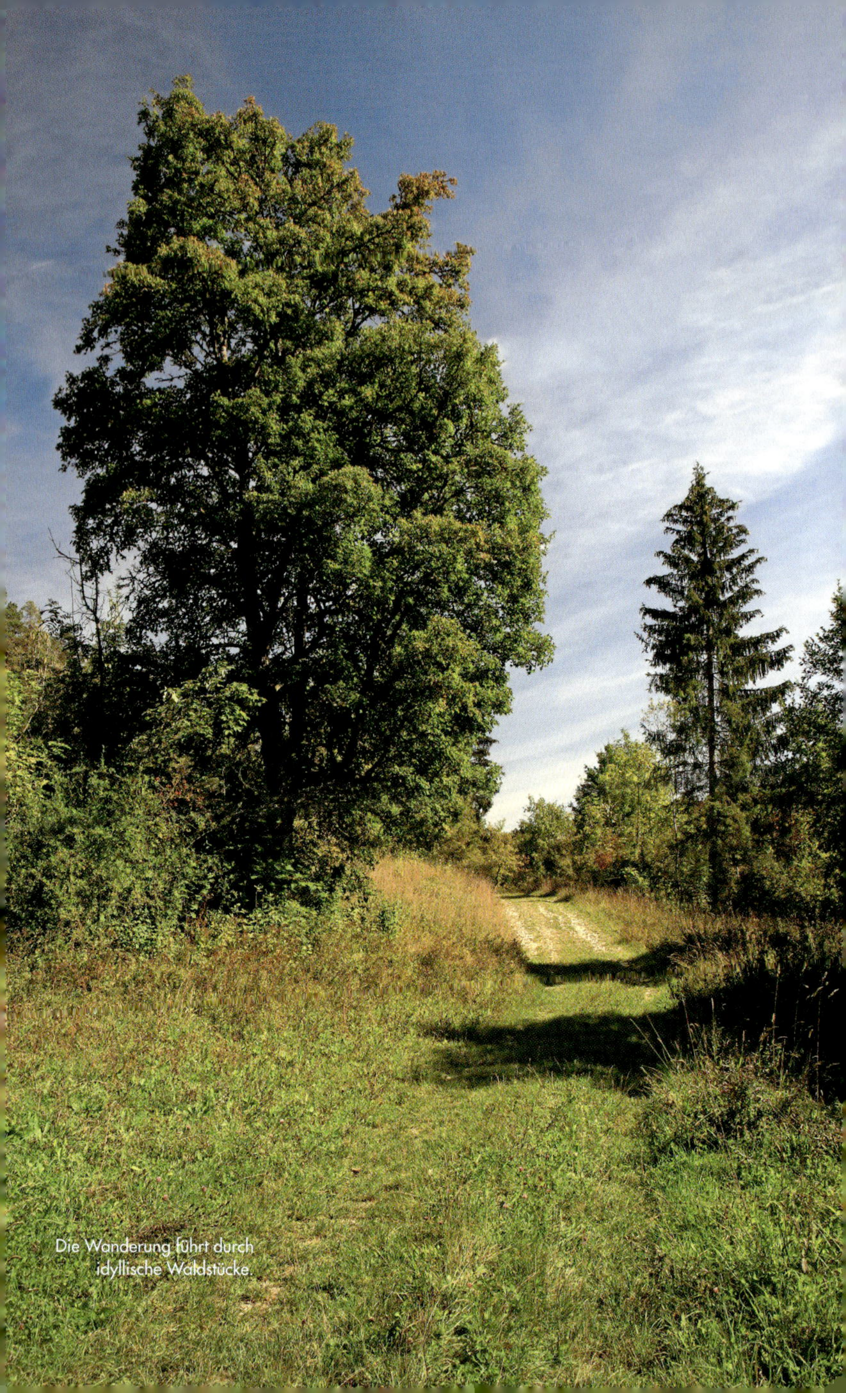

Die Wanderung führt durch idyllische Waldstücke.

und wurde 1516 als Schlupfwinkel für Räuber und Wegelagerer vom Kloster Zwiefalten zerstört.

Anfahrt

Auto: B27 und B312 nach Metzingen, B28 nach Bad Urach, B465 bis Münsingen, dort nach rechts hinab ins Lautertal und weiter bis Ehestetten. Weiter in Richtung Hayingen, durch den Ort hindurch und danach der Beschilderung zur Wimsener Höhle folgen; ÖPNV: Bahn bis Bad Urach oder Reutlingen, weiter mit dem Bus bis Hayingen/ Wimsener Höhle (www.efa-bw.de)

Durch das Schweiftal zur Wacholderheide Digelfeld Wir wandern immer sanft ansteigend durch das Schweiftal. Später geht der Pfad in einen Feldweg über und wir kommen durch eine Wacholderheide; in den Wiesen wächst manch seltene Pflanze, wie zum Beispiel im Herbst der Deutsche Enzian. Schließlich knickt der Weg rechts ab und bringt uns zum Wald. Dort mündet von links ein Weg in den unseren; nun achten wir auf die Markierung rote Gabel. Etwas später zieht der Weg nach links und wir spazieren entlang einer Lichtung.

Wo der Wald links zurückweicht, müssen wir nach links zu der Waldecke und wandern am Waldrand entlang nach rechts. Der Weg steigt bald etwas an und wir erreichen das erste Haus von **Hayingen** 3. Hier biegen wir links ab auf den Feldweg und gelangen zum Wald. Nach den ersten Bäumen erscheint rechts

Reizvolle Szene am Bach

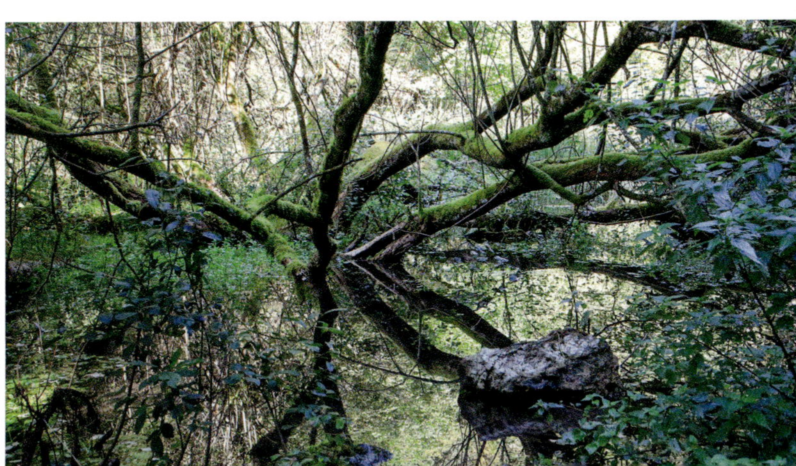

Digelfeld

Auf dem Digelfeld findet man eine der schönsten Wacholderheiden der Schwäbischen Alb, die aber teilweise bereits mit Kiefern gemischt ist. Auf den sehr artenreichen Halbtrockenrasen wächst eine Fülle seltener Pflanzen und Orchideen, je nach Jahreszeit beispielsweise Enzian, Knabenkraut, Küchenschelle, Fliegenragwurz und Kugelblume. Auch in den Getreide- und Grünlandstreifen, die in die Wacholderheiden eingestreut sind, wachsen zahlreiche der heute so seltenen Wildkräuter. An Tieren leben hier beispielsweise die Sandbiene, die in unbewachsenen Bodenstellen ihre Nester anlegt, während in den Hecken Raubwürger und Neuntöter zu finden sind. Die Forstdirektion Tübingen stufte in einer Untersuchung über Wacholderheiden das Digelfeld als »hochwertig« ein. Und nachdem man bereits 1955 rund 40 Hektar unter Landschaftsschutz gestellt hatte, steht seit 1991 eine 121 Hektar große Fläche unter Naturschutz.

eine Lichtung, auf die wir scharf rechts abzweigen. Am Ende der Bäume halten wir uns links und gehen auf den Wald zu. Ein Pfad führt in diesen hinein, bis wir auf einen anderen Pfad stoßen, dem wir nach rechts hin zu einem Forstweg folgen. Wir halten uns rechts und erreichen die asphaltierte **Straße** 4. Hier biegen wir links ab und sehen bereits die »rote Säule«, einen Bildstock. Danach geht es zunächst bergab, doch bald steigt der Weg wieder an und wir wandern rechts an einem Flurkreuz vorbei, ehe wir rechts abzweigen.

Wir überqueren die zum Parkplatz Hayinger Brücke führende Straße und kommen danach zum Zufahrtsweg zum Parkplatz Digelfeld. Wir folgen ihm nach links und passieren nach einer Rechtskurve den Parkplatz. Etwas später werden wir nach links verwiesen. Nun geht es durch die **Wacholderheide Digelfeld** 5 hinab zum Parkplatz Digelfeld. Vom Parkplatz aus spazieren wir auf die andere Seite der Straße, wo wir eine Grillstelle und einen Schutzpavillon finden.

Durch das Glastal zu Schloss Ehrenfels und Wimsener Höhle Nun wandern wir durch das **Glastal** 6, ein stilles, urwüchsiges Tal mit üppig wuchernder Natur, mächtigen Felsen und Höhlen.

Das Tal und die Glashöhle tragen ihre Namen, weil früher in der Gegend vermutlich Glashütten betrieben

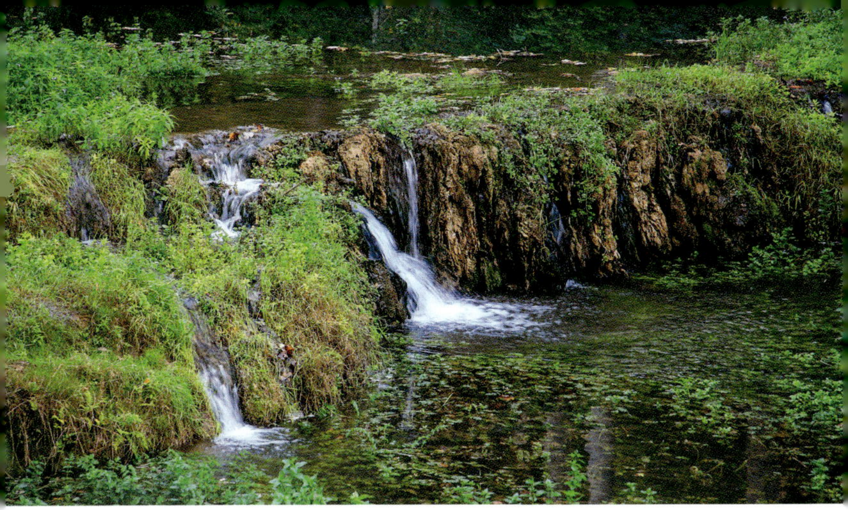

Vor der Wimsener Höhle stürzt der Bach über kleine Felsterrassen.

wurden. Hier verlief außerdem ein wichtiger Handelsweg für das Kloster Zwiefalten. Im oberen Teil ist es ein Trockental, die Felswände sind Riffe des Jurameers. Nach einiger Zeit entdecken wir links die Bärenhöhle, gehen aber weiter und erreichen bald den Ursprung des Hasenbachs. Noch vor einer Brücke über diesen zweigen wir rechts ab auf einen sanft ansteigenden **Weg** 7.

Schloss Ehrenfels 8 ist ein lang gestrecktes barockes Gebäude und wurde 1735 als Sommersitz des Zwiefaltener Abtes Stegmüller erbaut. Seit der Säkularisation bis 2016 war es in Privatbesitz, jetzt gehört es einer Stiftung. Beim Schloss biegen wir mit dem Wanderzeichen rotes Dreieck rechts ab in Richtung Wimsen. Nun wandern wir durch eine schöne Allee von Kastanienbäumen zum Parkplatz Wimsener Höhle.

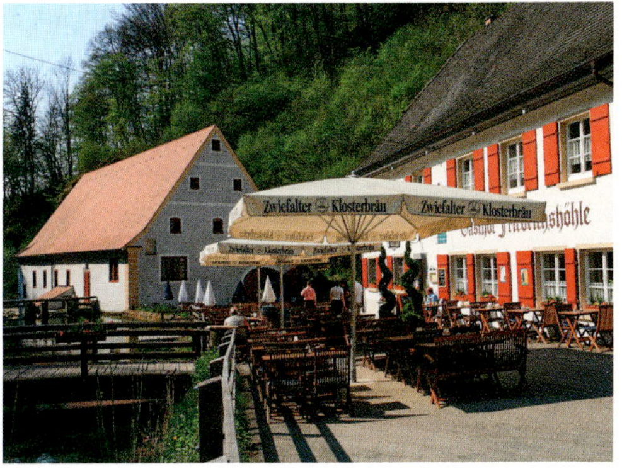

Einkehr in der Wimsener Mühle

Wimsener Höhle

In der Beschreibung des Oberamts Münsingen wurde 1912 über die Wimsener Höhle Folgendes geschrieben: »... Vollustig und schweigend wie der Styr aus der Unterwelt' (Quenstedt) strömt hier das mächtige Gewässer aus der Felsenkluft, und es ist in der Tat ein Charonsbild, wenn der Nachen mit seinen Lichtern in dem geheimnisvollen Höhlenraum erscheint ... Unmittelbar am Achursprung steht, an die Felswände angedrückt, die Mühle, und die Ach stürzt sich dort über ein hohes Wehr sofort hinab in die Wimsener Klamm. Hochwasser dürfen hier nicht vorkommen; in dem engen Ausgang müßten sie sich stauen, und die Mühle, tief in die Talschlucht eingezwängt, wäre mit Mann und Maus verloren. Die Klamm ist erst seit wenigen Jahren durch die Bemühungen des Albvereins erschlossen. Ganz wie in den ähnlichen Bildungen der Hochgebirgstäler, wo sie in übertiefte Haupttäler einmünden, hat hier das Flüßchen den Felsen so rasch und scharf durchsägt, daß neben dem Wasserlauf streckenweise überhaupt kein Raum mehr bleibt; die Felsen werden beiderseits vom Wasser bespült und unterwaschen, und der neugeschaffene Fußpfad führt bis zu 8 Meter hoch über dem Wasser am linken Felsgehänge hin.«

Die Höhle mit dem türkisfarbenen Wasser ist der Ursprung der Zwiefalter Ach. Sie ist – als einzige aktive Wasserhöhle Deutschlands – auf rund 900 Meter erforscht und auf 70 Meter mit einem Nachen zu befahren, das Wasser ist bis zu 3 Meter tief. Sie entstand in den Oberen Massenkalken des Oberjura durch den Höhlenbach. Ihr Wasserstand ändert sich laufend, denn er hängt vom Karstwasserstand ab. Im vorderen Teil der Höhle liegt die Achquelle, die eine Schüttung von durchschnittlich 0,5 Kubikmeter

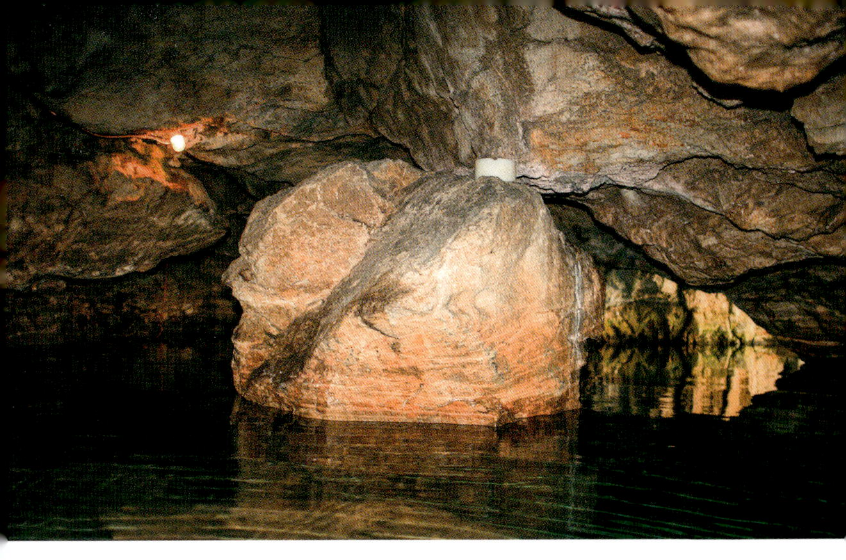

In die Wimsener Höhle gelangt man nur mit einer Nachenfahrt.

pro Sekunde aufweist, wobei die konkreten Werte zwischen den Extremen 0,06 und 2,5 Kubikmeter pro Sekunden schwanken. Ihr Einzugsgebiet beträgt rund 100 Quadratmeter. Das Wasser besitzt eine konstante Temperatur von acht bis neun Grad Celcius. Bei der Höhle mündet der Hasenbach, der von Norden her durch das Glastal fließt, in die Ach. Der Name der Höhle kommt von dem abgegangenen Ort Wimsheim. Die Höhle wurde bereits im Jahr 1447 anlässlich eines Grenzstreits zwischen dem Besitzer von Schloss Ehrenfels und dem Kloster Zwiefalten erwähnt, als der Fluss als »der uß dem Hölnstain gat« bezeichnet wurde. Ihr anderer Name Friedrichshöhle weist auf den Besuch des Kurfürsten Friedrich I. von Württemberg, des späteren Königs, im August 1803 hin. Die marmorne Gedenktafel über dem Höhlenportal erinnert an seine Befahrung. Die Übersetzung des lateinischen Spruches lautet: »Dankbar begrüßt den hohen Besuch die hier waltende Nymphe. Fröhlicher fließet dir nun, Friedrich, die rauschende Ach«. Die Zwiefalter Ach mündet nach 8 km bei Zwiefaltendorf in die Donau.

21 hochgehpilgert

Barockmünster und Nachenfahrt

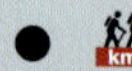
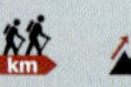
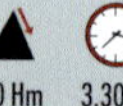
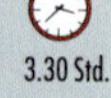

Schwer 13,2 km 300 Hm 3.30 Std.

Tourenverlauf: Zwiefalten – Sonderbuch Kreuzweg – Lorettohof – Wimsener Höhle – Dreifaltigkeitskreuz – Zwiefalten

Ausgangspunkt: Zwiefalten, Rentalhalle, 545 m, Mauerstraße, GPS-Koordinaten 48.232957, 9.466440; Ausweichparkplätze: Wimsener Höhle, Gossenzugen

Höchster Punkt: Lorettohof (710 m)

Einkehr: Lorettohof, Ziegenhof, Holzofenbäckerei, Hofladen mit Bewirtung an Sa, So nachmittag, Zwiefalten, Wimsener Höhle

Karten: Wanderkarte W243 Bad Urach, 1:25 000, Hrsg. Schwäbischer Albverein e. V., Kartographie: Landesamt für Geoinformation und Landentwicklung Baden-Württemberg (LGL)

Informationen: www.zwiefalten.de, www.hayingen.de

Hinweis: Unbedingt empfehlenswert sind eine Besichtigung der Klosterkirche in Zwiefalten und eine Nachenfahrt in die Wimsener Höhle.

Mit der Wimsener Höhle, die man mit dem Nachen befahren kann, der idyllischen Zwiefalter Ach, der man ein Stück folgt, und mit der grandiosen barocken Klosterkirche in Zwiefalten bietet diese Wanderung Natur- und Kunstgenuss vom Feinsten.

Durchs stille Rental Hinter der Rentalhalle geht am Wanderschild Parkplatz Rentalhalle (545 m) die Tour los. Wir wandern nun eine ganze Weile durch das stille und morgens noch schattige Rental. Das immer mäßig ansteigende Tal ist recht schmal und links und

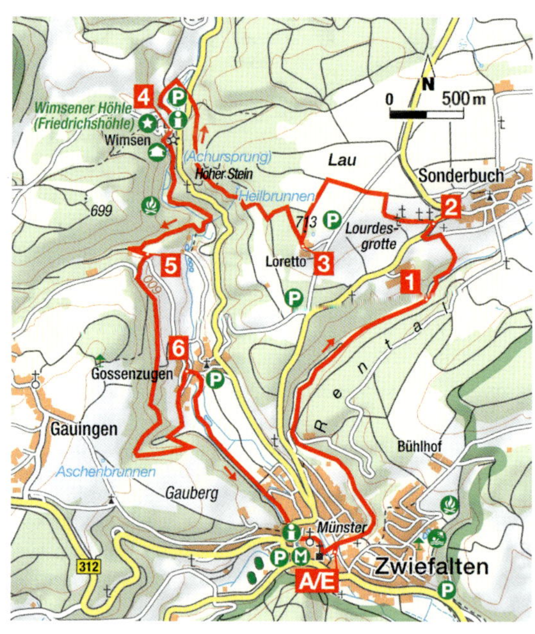

rechts von bewaldeten Hängen umgeben. Vorbei an den Schildern Unteres Rental (575 m) und Rental Mitte (599 m) kommen wir zum Schild **Oberes Rental** (608 m) **1**. Hier werden wir nach links verwiesen. Gleich darauf biegen wir am Schild Hundel Südost (620 m) rechts ab und steigen nun auf der linken Seite des Tals hinauf zum Waldrand.

Tourencharakter

Streckenwanderung mit einer längeren, sanften Steigung, über kleine Straßen und breite Waldwege der Hohen Mark verlaufend. Dazu viel Natur und Kultur; einfache Orientierung, fast durchgängig ein Wanderzeichen. Die Wanderung kann mit der Tour »hochgehschätzt« kombiniert werden.

Dort geht es am Schild Hundel Ost (634 m) nach links. Durch Wiesen und mit prächtiger Aussicht wandern wir, vorbei am Schild Inneres Eschle (669 m), hinauf zu einem asphaltierten Sträßchen. Hier halten wir uns am Schild Inneres Eschle Nord (669 m) links und er-

Wanderer im Achtal

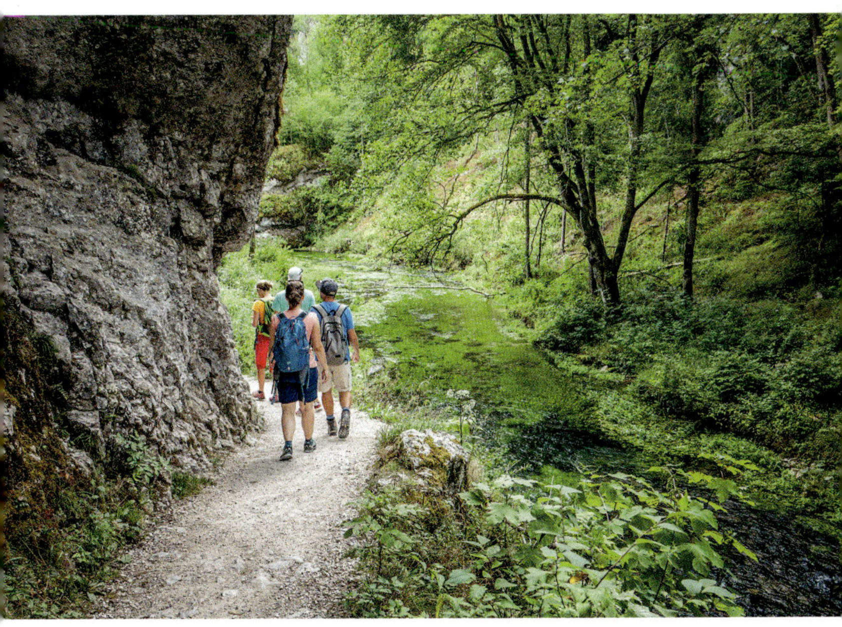

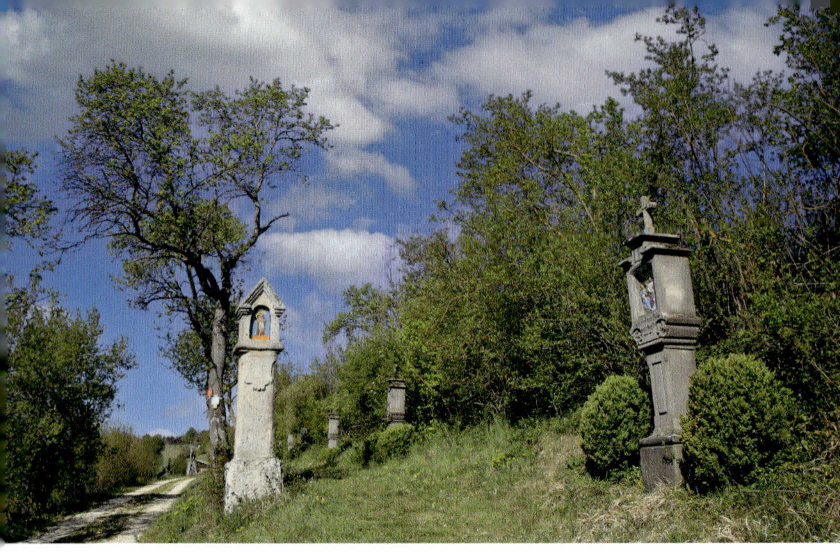

Unterwegs kommt man an einem Kreuzweg vorbei.

reichen bald die Landstraße, wo wir rechts abbiegen. Vorbei am Schild Äußeres Eschle Nordost (680 m) kommen wir zum **Friedhof** 2.

Über Kreuzweg und Lourdesgrotte zum Lorettohof Wir folgen auf der anderen Seite am Schild Beim Kirchhof Sonderbuch (684 m) dem Kreuzweg. Er stammt aus dem Jahr 1885 und ist mit fein gearbeiteten Reliefs im Stil dieser Zeit geschmückt. An seinem Ende stoßen wir auf das Schild Kreuzweg Sonderbuch (685 m), gleich danach auf das Schild Bei der Lourdesgrotte (687 m). Hier können wir nach links zu der Lourdesgrotte gehen, die über einer Quelle erbaut wurde. Die Marienfigur ist außen in einer Nische angebracht.

Danach folgen wir dem Weg am Wanderschild weiter geradeaus. Er zieht nach rechts und bringt uns zum Schild Kreuzäcker Mitte (706 m). Hier gehen wir nach

Anfahrt

Auto: B27 und B312 nach Metzingen. Weiter auf der B313 und der B312 bis Zwiefalten; ÖPNV: Bahn bis Reutlingen, weiter mit dem Bus bis Haltestelle Zwiefalten Rentalhalle (www.efa-bw.de)

links weiter und überqueren die Landstraße beim Schild Greut Ost (707 m). Wir steuern geradeaus auf den Wald zu, biegen aber noch vor ihm am Schild Greut Nordost (709 m) links ab und wandern nun zum Waldrand. Den Wald betreten wir beim Schild nördlich Loretto (710 m). Kurz danach erreichen wir das Schild Loretto (711 m).

Dort führt der Weg nach rechts weiter, zuerst folgen wir aber dem Schild »Loretto«. Dieses führt uns zum **Lorettohof** 3, wo man einkehren oder im Hofladen in der ehemaligen Lorettokapelle einkaufen kann. Zudem sind hier moderne Skulpturen zu bewundern. Auch wenn man dies alles nicht möchte, lohnt doch der Ausblick bei der ehemaligen Kapelle über die Landschaft: Man sieht zum Bussen, dem heiligen Berg Oberschwabens, und wenn das Wetter mitspielt, zur Alpenkette.

Hinab zur Wimsener Höhle Zurück zum Schild biegen wir links ab. Es geht durch den Wald bergab bis zu einer Waldecke, wo man diesen verlassen würde.

An der Zwiefalter Ach

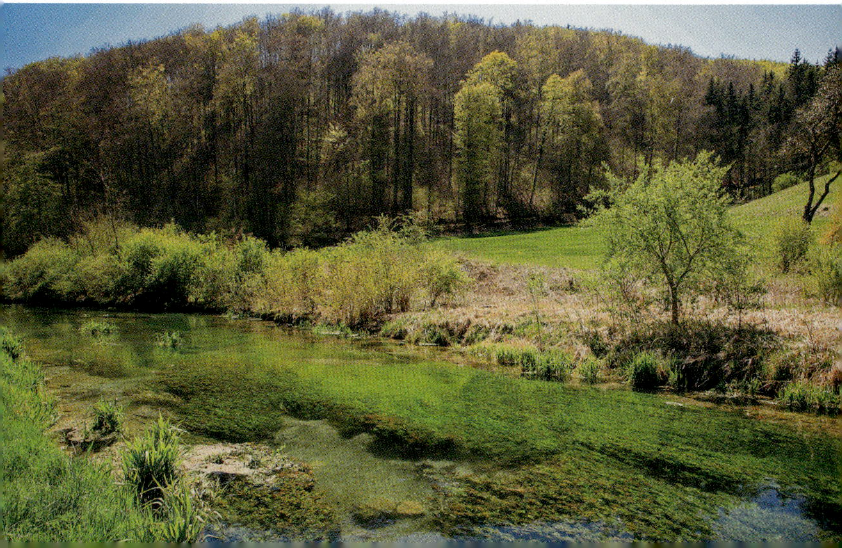

Wir werden aber nach links verwiesen und wandern weiter abwärts. Bald überqueren wir einen Weg und folgen dem zweiten gleich danach entlang einer Lichtung nach rechts. Dort biegen wir am Schild Hinter dem Heuberg Nord (679 m) links ab. Entlang des Waldrands und im Wald geht es nun bergab zum Schild Hinter dem Heuberg Nord (661 m), wo wir uns rechts halten. Etwas später quert ein Bach den Weg; er strömt über Kalktuffterrassen kaskadenförmig herab. Nach einer Rechtskurve halten wir uns am querenden Weg links und kommen zu einer Verzweigung beim Schild Tannenhau Nordwest (672 m). Hier wandern wir nach links abwärts. Gleich darauf biegen wir vor einer Rechtskurve links ab. Bald schon führt uns ein felsdurchsetzter Steig steil bergab zur Straße beim Schild Haltestelle Wimsener Höhle (585 m). Hier hat man nach rechts einen Blick zum Schloss Ehrenfels.

Auf der anderen Straßenseite geht es weiter bergab. Bald überqueren wir den Bach und gehen durch die Allee mächtiger Bäume zum Schild Breite Süd (574 m). Hier biegen wir links ab. Vorbei am Parkplatz

Bei der Wimsener Höhle und der Mühle steht auch dieses historische Gebäude.

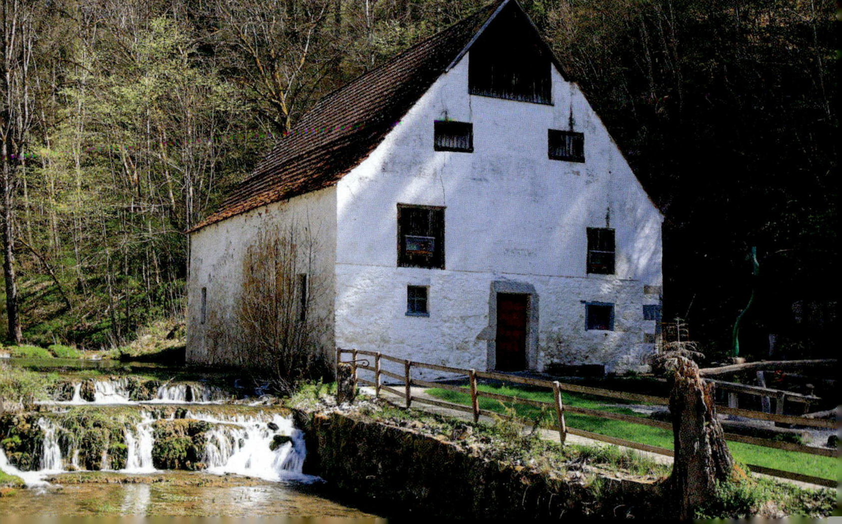

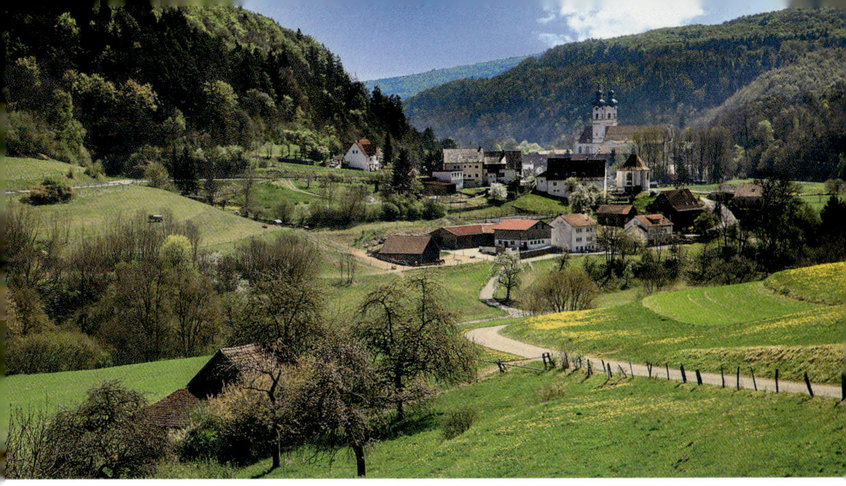

Blick durch das Tal der Zwiefalter Ach zur doppeltürmigen Klosterkirche

und an den kleinen Kaskaden des Bachs erreichen wir die Wimsener Mühle und Höhle.

Hinauf zum Dreifaltigkeitskreuz Am Schild **Wimsener Höhle** (555 m) 4 wandern wir links von Bach und Gasthaus in der ehemaligen Mühle weiter. Rechts neben uns fließt die Zwiefalter Ach, die in der Wimsener Höhle entsprungen ist. Der Bach stürzt nicht nur gleich nach der Mühle steil hinab, sondern bietet auch später viele idyllische Bilder. Zum Landschaftseindruck tragen auch die mächtigen aufragenden Felsen bei. Vorbei an einem Rastplatz mit Tischen, Bänken und einer Grillstelle kommen wir zum Schild nördlich Schorren (550 m). Hier werden wir nach rechts verwiesen.

Nun steigt es sanft an bis zum Schild nördlich Schrofen Südwest (585 m). Hier folgen wir dem querenden Weg nach links. Nach dem Wald erreichen wir das **Dreifaltigkeitskreuz** (597 m) 5 wo wir einen ersten Blick auf das Tal der Ach mit Gossenzugen und der doppeltürmigen Kirche von Zwiefalten haben.

Über Gossenzugen nach Zwiefalten Wir folgen dem Sträßchen nach rechts, biegen aber kurz darauf im

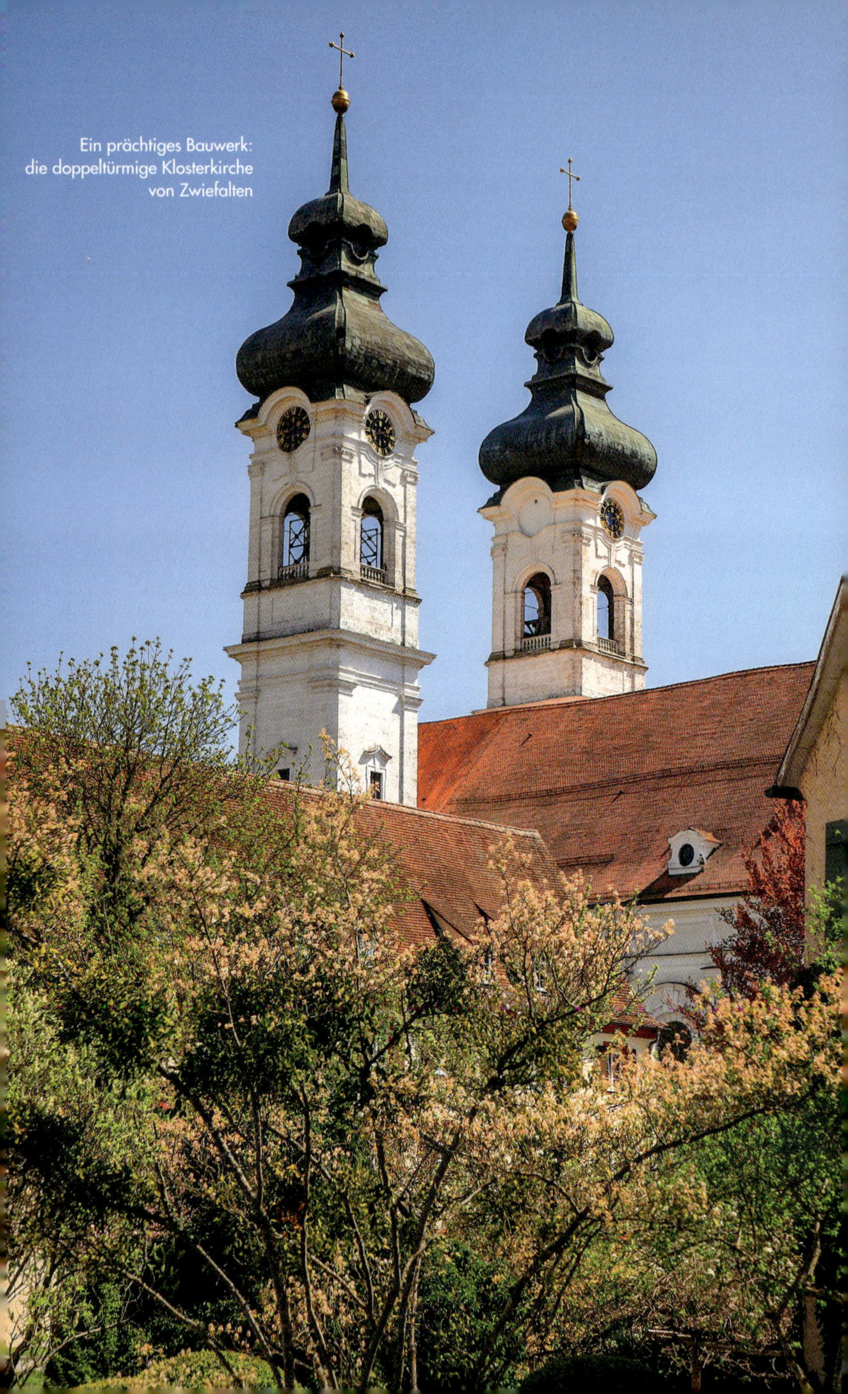

Ein prächtiges Bauwerk:
die doppeltürmige Klosterkirche
von Zwiefalten

Wald am Schild Kreuzäcker (613 m) an der scharfen Rechtskurve links ab auf den Waldweg. Er zieht nun eine ganze Weile mit sanftem Auf und Ab und vielen Windungen am Hang entlang. An einem Aussichtspunkt mit Bank haben wir einen weiteren schönen Blick auf Gossenzugen und Zwiefalten.

Schließlich erreichen wir in einer scharfen Linkskurve das Schild Schlossertal (625 m). Hier werden wir nach links verwiesen. Wir gehen nun steil abwärts, halten uns an einer Verzweigung links und erreichen einen querenden Weg beim Schild unterhalb Schlossertal (570 m). Hier führt uns der linke Weg weiter bergab.

Nach dem Wald wandern wir am Schild Schlosserhalde (560 m) vorbei zum Ortsrand von Gossenzugen. Nach den ersten Häusern gehen wir am Schild am Öschhag Gossenzugen (549 m) rechts weiter bergab. Kurz danach überqueren wir die Ach nach links zum Schild **Mühlweg** (546 m) 6.

Dort biegen wir rechts ab. Nun wandern wir entlang der Ach, die uns immer wieder idyllische Bilder liefert, bis Zwiefalten. Dort kommen wir am Schild Alte Hammerschmiede (542 m) vorbei und sehen an der Querstraße das Schild Sägmühlstraße (542 m). Wir biegen links ab und spazieren zu einer Wegkapelle mit einer weißen Verkündigungsgruppe. Danach halten wir uns rechts in die Mauerstraße und gehen zurück zur Rentalhalle.

Kloster Zwiefalten

Das bereits im 12. Jahrhundert bedeutende Kloster Zwiefalten war für seine Buchmalerei und seine Goldschmiedekunst berühmt. Die Höchstzahl an Mönchen war 1138 mit 70 Mönchen und 140 Laienbrüdern erreicht. Eine weitere Hochzeit des Klosters ist im Barock zu verorten, als eine rege Bautätigkeit stattfand. Das doppeltürmige Barockmünster mit der mächtigen Schaufassade wurde 1744 bis 1765, die Klosteranlage ab 1668 nach Vorarlberger Schema erbaut. Baumeister war der berühmte Münchener Johann Michael Fischer. Im Inneren befinden sich eine prächtige Rokokoausstattung in Weiß und Gold mit Stuckaturen und Stuckaltären von Johann Michael Feichtmayr, Deckenfresken von Franz Joseph Spiegler – das Fresko im Langhaus wird als eines der größten in Süddeutschland bezeichnet –, ein prächtiger Hochaltar und eine Schutzmantelmadonna von 1430 von Meister Erhart aus Ulm.

Register

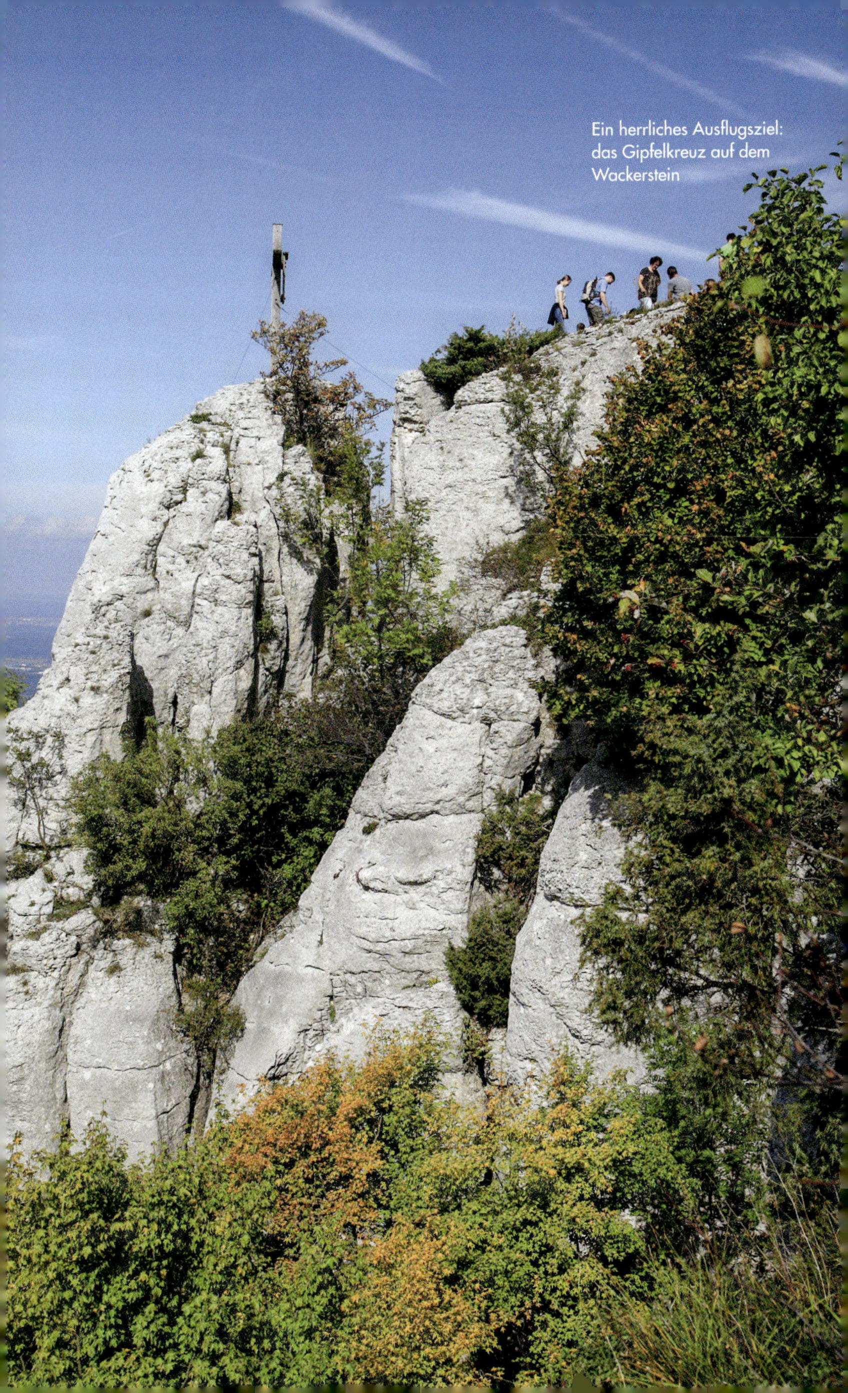

Ein herrliches Ausflugsziel: das Gipfelkreuz auf dem Wackerstein

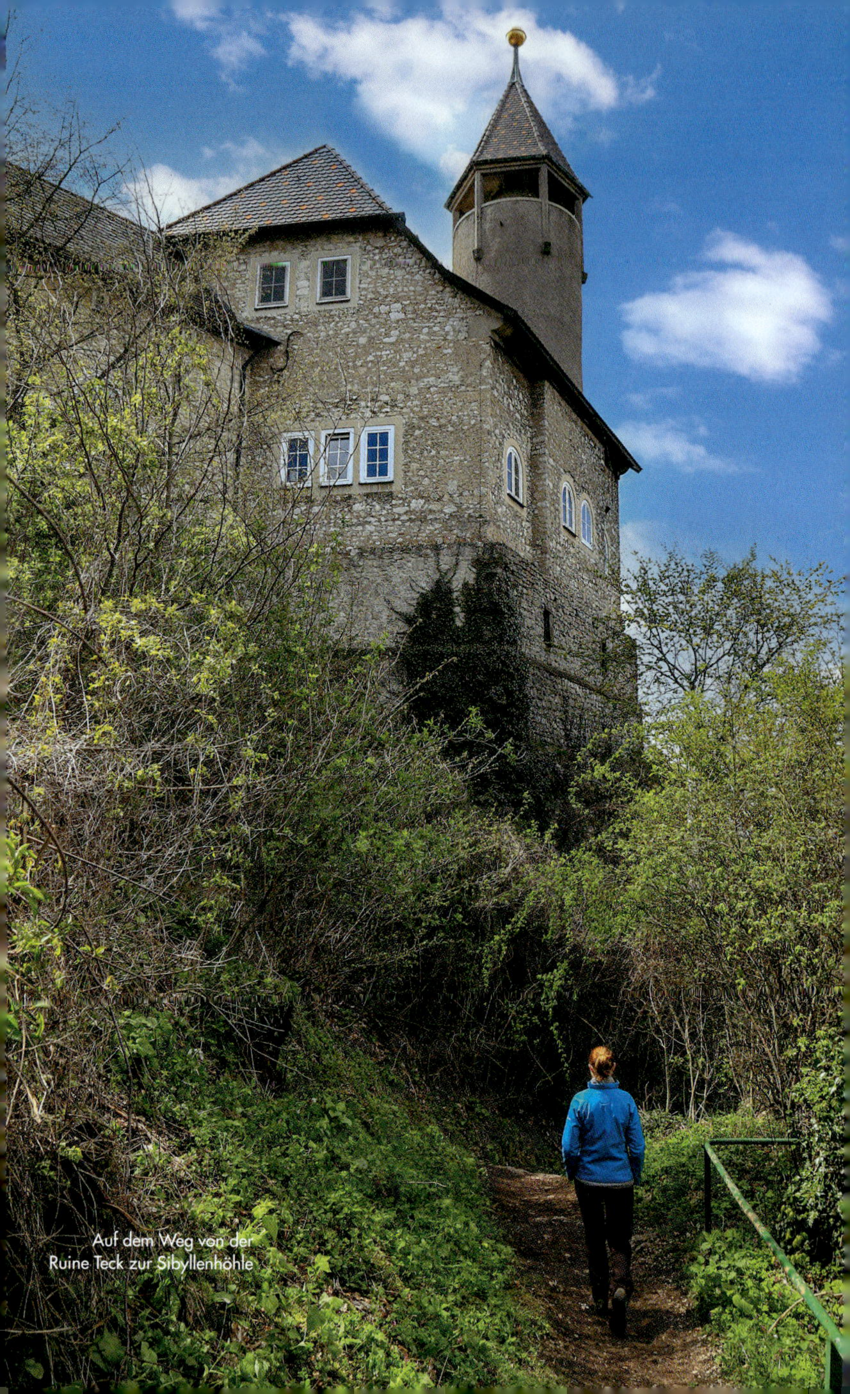
Auf dem Weg von der
Ruine Teck zur Sibyllenhöhle

Impressum

Verantwortlich: Miriam Gieler
Lektorat und Satz: Verlagsbüro Wais & Partner, Stuttgart
Repro: LUDWIG:media
Kartografie: Bruckmann Verlag GmbH, Heidi Schmalfuß
Herstellung: Bettina Schippel
Printed in Slovenia by Florjancic

★★★★★

Sind Sie mit diesem Titel zufrieden? Dann würden wir uns über Ihre Weiterempfehlung freuen. Erzählen Sie es im Freundeskreis, berichten Sie Ihrem Buchhändler, oder bewerten Sie bei Onlinekauf. Und wenn Sie Kritik, Korrekturen, Aktualisierungen haben, freuen wir uns über Ihre Nachricht an J. Berg Verlag, Postfach 40 02 09, D-80702 München oder per E-Mail an lektorat@verlagshaus.de.

Unser komplettes Programm finden Sie unter www.j-berg-verlag.de

Empfehlung der Redaktion
Sie sind auf der Suche nach weiterführender Literatur? Dann empfehlen wir Ihnen den Titel »Die Wander-Bucket-List Baden-Württemberg« von Dieter Buck. Oder Sie werfen einen Blick in die Zeitschrift »Schöner Südwesten«. Hier werden Sie bestimmt fündig.

Bildnachweis: Alle Bilder im Innenteil und auf den Umschlagseiten stammen vom Autor mit folgenden Ausnahmen: Autorenfoto (© Melanie Buck), S. 4, 9, 10, 18, 34, 41, 53 o., 54, 70/71, 77, 83, 87, 91, 122, 133 (© hochgehberge, Foto Angela Hammer); S. 110 (Steffen Steinhäußer)
Umschlagvorderseite: Auf dem Roßfels (Tour 8, © hochgehberge, Foto Angela Hammer)
Umschlagrückseite: Idylle im Lautertal (Tour 20, © hochgehberge, Foto Angela Hammer)

Die Deutsche Nationalbibliothek verzeichnet diese Publikation in der Deutschen Nationalbibliografie; detaillierte bibliografische Daten sind im Internet über http://dnb.d-nb.de abrufbar.

Infanteriestraße 11a
80797 München

ISBN 978-3-86246-811-9

Ebenfalls erhältlich ...

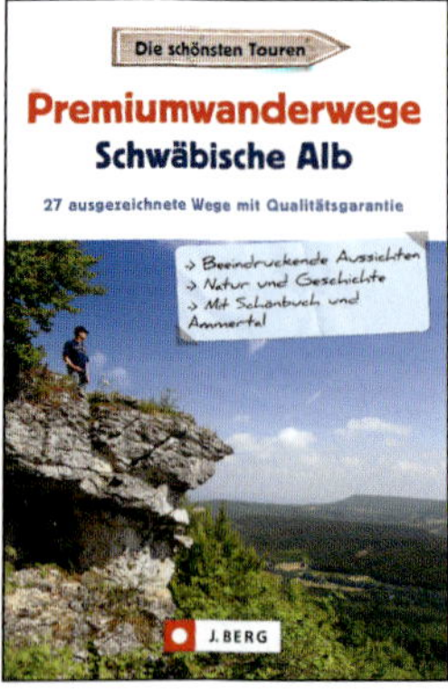

ISBN 978-3-86246-704-4

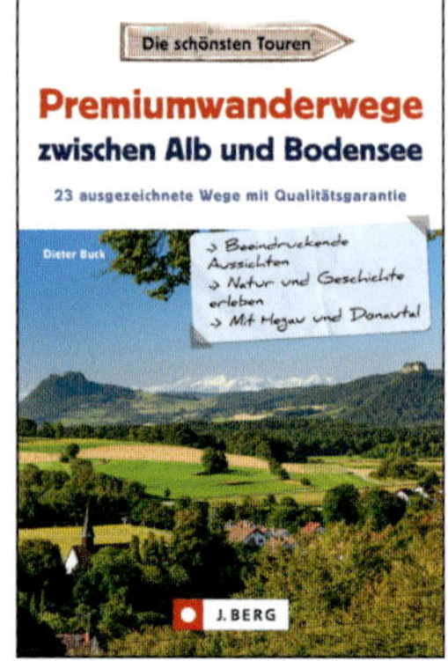

ISBN 978-3-86246-705-1

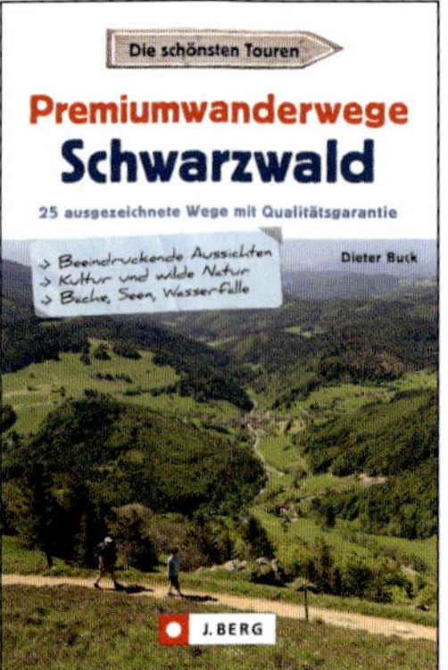

ISBN 978-3-86246-726-6

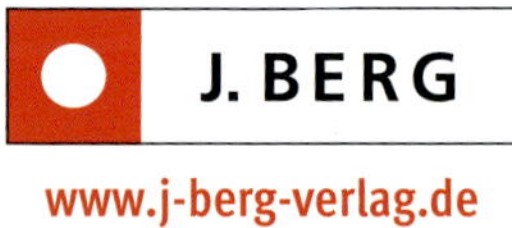

www.j-berg-verlag.de